주님의 다시 오심을 준비함

PREPARING FOR THE LORD'S RETURN

by Witness Lee

Originally Published by
Living Stream Ministry, Anaheim, California, U. S. A.

Printed in Korea.

주님의
다시 오심을 준비함

위트니스 리

한국복음서원

차례

* 이 책에 인용된 성경 본문은 〈회복역 성경〉을 사용하였습니다.
* 이 책에 인용된 찬송가는 특별한 언급이 없는 경우 한국복음서원 찬송가입니다. 영어 찬송가는 리빙 스트림 미니스트리(Living Stream Ministry)에서 출간한 것입니다.

서문

이 책은 위트니스 리 형제님이 1972년 5월 26일부터 29일까지의 기간에 캘리포니아주 샌프란시스코에서 전한 일곱 메시지와 1974년 7월 18일과 31일에 캘리포니아주 애너하임에서 전한 세 메시지로 되어 있습니다.

1

주님을 사랑하고 그분의 나타나심을 사모함

Loving the Lord and
Loving His Appearing

제1장

주님을 사랑하고 그분의 나타나심을 사모함

성경: 요 21:15-17, 딤후 4:8, 고전 16:22

이 일련의 메시지에서 우리는 주 예수 그리스도의 두 번째 오심을 다루겠다. 그렇지만 우리는 주님의 두 번째 오심을 교리적으로 다루지 않겠다. 그 대신 우리로 주님을 사랑하게 하고 주님의 나타나심을 사모하게 하는 방식으로 주님의 다시 오심을 다룰 것이다.

내가 젊은 그리스도인이었을 때, 나는 주님의 두 번째 오심에 대하여 말하기를 좋아했다. 나는 많은 예언들을 연구했고, 주님의 두 번째 오심에 관한 여러 학파들의 가르침을 기록한 책들을 수집했다. 이러한 책들에 있는 논쟁의 한 항목은 믿는 이들의 휴거였다. 어떤 저자들은 대환난 전에 일어날 휴거를 말했고, 몇몇 저자들은 대환난 후에 있을 휴거에 관해 말했으며, 다른 무리는 대환난 중에 일어날 휴거를 말했고, 또 다른 무리는 대환난 전에 발생할 부분적인 휴거를 말했다. 1932년과 1933년에 워치만 니 형제님은 휴거의 문제에 관한 일련의 메시지를 전하였다.

형제님은 그 메시지를 전하기 전에 많은 위대한 교사들이 쓴 휴거에 관한 책들을 연구하였다.

니 형제님이 그 메시지를 해방한 후에, 우리는 휴거에 관하여 많은 주의를 기울이지 말고 먼저 우리의 생명이신 그리스도를 주의하라는 주님의 인도하심을 받았다(골 3:4). 1937년에 주님은 우리에게 그리스도의 몸인 교회를 계시하셨다(엡 1:22-23, 골 1:18). 주님은 먼저 우리에게 생명을 보여 주셨고, 그다음에 몸인 교회를 계시하셨다. 이것이 합당한 순서인데, 왜냐하면 교회는 그리스도께서 그분의 믿는 이들에게 생명이 되신 결과이기 때문이다. 그때 이후로 우리는 생명과 교회의 노선에 변함없이 서 있었다. 미국에서 회복의 처음 십 년 동안 나는 주님의 오심에 관하여 거의 이야기하지 않았다.

주님을 사랑하는 것과 그분의 나타나심을 사모하는 것은 연결되어 있음

순수하게 주님을 사랑한다면, 우리는 그분의 나타나심 즉 그분의 오심을 사모해야 한다. 요한복음 21장은 주님을 사랑하는 문제를 계시한다. 거기에서 주님은 베드로에게 세 번이나 그분을 사랑하는지 물으셨다(15-17절). 디모데후서 4장은 주님의 나타나심을 사모하는 문제를 계시한다. 8절은 “이제 후로는 나를 위하여 의의 면류관이 준비되어 있습니다. 의로운 재판장이신 주님께서 그날에 나에게 그것을 보상으로 주실 것인데, 나에게만 아니라 그분께서 나타나시기를 사모하는 모든 사람에게 주실 것입니다.”라고 말한다. 우리가 순수하게 어떤 사람을 사랑하면, 우리는 그 사람이 오기를 간절히 기대한다. 우리가 어떤 사람을 사랑한다고 말하면서 그를 밀어 낸다면, 우리의 사랑은 거짓이다. 우리가 주님을 사랑한다면, 우리는 반드시 그분의 나타나심을 사모할 것이다.

신약에서 한 구절이 주님을 사랑하는 것과 주님의 오심을 연결시킨다. 고린도전서 16장 22절은 "누구든지 주님을 사랑하지 않는다면 저주를 받을 것입니다! 주님께서 오십니다!"라고 말한다. "주님께서 오십니다!"라고 번역된 헬라어 본문의 단어는 "우리 주님, 오십시오!"라고도 번역될 수 있다. 이 구절에서 바울은 매우 강하게 주님을 사랑해야 한다고 선포할 뿐 아니라, 주님의 다시 오심을 위해서 기도하였다. 이 구절에서 두 항목, 곧 주님을 사랑하는 것과 주님의 오심이 연결되어 있다. 그러므로 우리가 주님을 사랑한다고 선포할 때, 우리의 선포는 또한 우리가 그분의 오심을 사모한다는 뜻임을 깨달아야 한다. 우리는 "주님, 저는 당신을 사랑합니다. 그러므로 당신의 나타나심을 사모합니다. 저는 당신의 오심을 갈망합니다."라고 선포할 수 있다.

주님의 다시 오심

주님께서 우리와 함께 계시지만 여전히 오실 것임

주님의 오심을 말하기 위하여 신약은 세 개의 다른 헬라어 단어를 사용한다. 세 단어가 모두 거의 항상 '오다'라고 번역되지만, 헬라어 단어의 의미는 다르다. 이 세 헬라어 단어 중 하나는 '파루시아(parousia)'인데 '임재'를 의미한다(마 24:3, 27, 37, 39). 이것은 주님의 오심을 사모한다는 것은 주님의 임재를 사모한다는 것임을 의미한다. 그렇지만 어떤 사람들은, 마태복음 28장 20절에 따르면 주님께서 항상 우리와 함께 계시는데 왜 우리가 주님의 임재를 기다리느냐고 물을 것이다. 다시 말하면 우리에게 주님의 임재가 있는데 왜 여전히 그분의 임재를 바라는가? 이 질문은 교리적으로 대답할 수 없다.

이사야서 9장 6절에 따르면 주님의 이름은 놀라움이다. '놀라움'이라는 말은 완전히 이해하거나 설명할 수 없는 것을 말한다. 주님은 놀라움이시기 때문에, 우리가 완전히 이해하거나 설명할 수 없을지라도 그분에 관하여 선포할 수 있는 어떤 사실들이 있다. 주님께서 우리와 함께 계시는 것이 사실이고 또 그분께서 오시는 것도 사실이다(행 1:11). 이것은 너무나 기묘하여 우리의 제한된 생각으로 이해할 수 없다. 더욱이 주 예수님은 하나님이시고 또한 사람이시다(히 1:8, 딤전 2:5). 그분은 창조주이시고 또한 창조물이시다(골 1:15-16). 그분은 땅에 사시는 동안 또한 하늘에 계셨다(요 3:13). 결국 그분은 죽으시고 부활하셨으며, 부활 안에서 수많은 믿는 이들 안으로 들어가셨고 동시에 그들 모두 안에 살고 계신다. 이 모든 것은 우리 인간의 이해력으로는 완전히 설명할 수 없는 기묘한 사실들이다.

요한복음 20장에서 주님께서 부활하신 날 저녁에 문들이 닫혀 있었는데도, 부활하신 주님은 제자들이 있는 집 안으로 들어오셔서 그들 가운데 서시어 "여러분에게 평안이 있기를!"이라고 말씀하셨다(19절). 어떤 사람들은 주님께서 부활하신 후에 물질적인 몸을 가지고 계시지 않았다고 생각할지 모른다. 그렇지만 요한복음 20장의 서술과 유사한 부분인 누가복음 24장에서는 그분께서 살과 뼈가 있는 몸을 가지셨음을 보여 준다. 누가복음 24장 36절부터 39절까지는 이렇게 말한다. "그들이 이런 말을 하고 있을 때에 예수님께서 직접 그들 가운데 서시어 '여러분에게 평안이 있기를!'이라고 하셨으나, 그들은 놀라고 무서워했으며,

영을 보고 있는 줄로 생각하였다. 예수님께서 그들에게 말씀하셨다. '여러분은 왜 당황하며, 왜 마음에 의심이 일어납니까? 나의 손과 발을 보십시오. 바로 나입니다. 나를 만지고 살펴보십시오. 영은 살과 뼈가 없지만, 여러분이 보는 것처럼 나에게는 있습니다.'" 이것은 주님께서 부활하셨을 때 만질 수 있는 몸을 가지고 계셨음을 가리킨다. 물질적이고 만질 수 있는 부활하신 그리스도께서 문들이 닫힌 집 안으로 들어오셨다. 이것 또한 기묘한 사실이다.

주 예수님은 기묘하신 분이시므로 그분과 관련된 모든 것도 기묘하다. 젊었을 때 나는 성경을 이해하려고 최선을 다했으며, 몇 년 후에 나는 내가 성경을 이해했다고 생각했다. 그렇지만 거의 오십 년간 성경을 연구한 후, 오늘날 나는 과거에 나 자신이 거의 성경을 이해하지 못했음을 깨닫는다. 내가 성경을 이해하면 할수록 나는 성경을 거의 알지 못한다는 것을 더 깨닫는다. 성경이 계시하는 간단한 일조차도 비밀이다. 예를 들면, 우리는 사람이 세 부분, 곧 몸과 혼과 영(살전 5:23)으로 이루어져 있다는 것을 깨달을지 모르지만, 이 세 부분을 완전히 이해한다고 말할 수 없다. 마찬가지로 주님에 관한 어떤 것을 깨달을지 모르지만, 우리에게는 그분의 어떠하심을 표현할 사람의 언어가 없다. 그분에 관하여 우리가 말할 수 있는 것은 다만 주 예수님께서 전능하신 하나님이시고, 진정한 사람이 되신 우리의 창조주이시라는 것이다(히 2:14, 17, 빌 2:6-8). 그분은 삼십삼 년 반 동안 인간 생활을 하셨고, 십자가에서 죽으심으로 구속을 성취하셨으며 모든 부정적인 것들을 끝내셨고 신성한 생명을 해방하셨다(히 9:12, 롬 6:6, 히 2:14, 요 12:24). 그분의 죽음은 모든 것을 포함한 죽음이다. 놀라운 죽음을 거치신 후에 그분은 부활 안으로 들어가시어 생명 주시는 영이 되셨다(고전 15:45하). 부활 안에서 그분은 자기를 믿는 모든 사람이 생명이신 그분을 영접할 수 있도록,

그분의 제자들을 보내셔서 모든 창조물에게 복음을 전하게 하셨다(막 16:15, 요 1:4, 12-13, 3:16). 믿는 이들 안에 생명으로 계신 그분은 그들 안에 살아 계시며, 그들을 변화시키기 위하여 일하고 계신다(골 3:4, 갈 2:20, 고후 3:18). 이 변화의 일은 긴 기간에 걸쳐서 일어나고 있으며 오늘날에도 여전히 진행되고 있다. 그리스도께서 믿는 이들을 변화시키시기 위하여 그들 안에서 일하시고 계신 동안에, 대적인 사탄은 주님의 일을 좌절시키기 위하여 이 땅에서 많은 일을 하고 있다.

나는 지난 오십 년 동안 세계정세를 관찰하고 연구해 왔다. 내가 세계정세를 연구하면 할수록 악한 자 사탄이 하나님의 백성을 타락시키고 오염시키며, 타락한 인류 가운데서 하나님에 대한 배역을 일으키려고 최선을 다하고 있다는 것을 깨달았다. 그렇지만 주 예수님은 곤란을 겪지 않으신다. 오히려 대적이 어떤 일을 하려고 해도 그분은 평안하시다. 주님은 사탄에게 이렇게 말씀하시는 것 같다. “작은 마귀야, 네가 하는 모든 일에서 너는 내가 목적을 이룰 수 있도록 돕고 있다는 것을 모르느냐? 너의 의도는 세상을 타락시키고 젊은 세대를 오염시키는 것이지만, 네가 해 온 모든 일과 네가 하려는 모든 일은 내가 목적을 이루는 데 도움이 될 것이다.” 아무리 세상이 암울해 보일지라도, 정치와 경제적인 상황이 어떤 식으로 변할지라도 주 예수님은 유익을 얻으실 것이다. 주님은 모든 환경을 사용하시므로, 그분께서 창세전에 선택하시고 미리 정하신 모든 사람들이 반드시 그분께 올 것이다. 이것은 세계정세에서뿐 아니라 우리 개인적인 세계에서도 사실이다.

옛 창조물을 산출하실 때, 하나님은 말씀하셨고, 말씀하신 결과들이 즉시 나타났다(창 1:3, 6, 9, 11, 14-15, 20, 24, 시 33:6, 9). 그렇지만 생명과 변화에 관하여는 결과가 빨리 나타나지 않는다. 생명은 시간을 필요로 하기 때문에, 우리는 땅에 씨를 뿌린 후 거기에서 즉시 싹이 나기를 기대할 수 없다. 새 창조물에 속한 사람으로서 우리는 신성한 생명으로 거듭났으며, 이 생명은 결과를 산출하기 위하여 시간을 필요로 한다. 더욱이 이 생명은 합당하게 자라기 위하여 어떤 환경이 필요하다. 단지 씨를 땅에 뿌리는 것만으로 좋은 결과가 보장되는 것이 아니다. 씨가 합당하게 자라기 위해서는 좋은 땅에 뿌려지는 것뿐 아니라, 적절한 비와 햇빛과 공기를 받아들여야 한다. 새 창조물에 속한 믿는 이들인 우리는 생명의 씨이신 주 예수님을 영접했으며, 이 주님은 우리의 마음속에 뿌려져 우리 안에서 자라고 계신다(마 13:3, 8). 그렇지만 자라기 위해서는 씨이신 그리스도께 어떤 요소와 많은 환경의 도움이 필요하시다. 따라서 주님은 그분의 지혜로 모든 것을 안배하신다. 그리하여 우리의 배우자, 자녀들, 모든 사람들, 그리고 우리의 환경에서 일어나는 일들이 우리 안에서 그분께서 자라시도록 돕는 요인이 된다(롬 8:28-30).

주님의 다시 오심은 모든 문제의 해결과 종결임

우리는 그리스도께서 모든 문제의 해결책이심을 아는 것이 중요하다. 인류의 역사를 통하여, 옛날부터 지금까지 사람은 결코 평화로운 상황을 가져올 수 없었다. 지난 오십 년 동안 국가들 간에 이루어진 모든 조약, 협정, 계약들은 국가들 간의 문제를 해결하려는 시도였다. 그렇지만 국가들 간의 평화를 이루려고 애쓰면 애쓸수록 갈등만 더 일어났다. 제일 차 세계 대전 후에 전쟁을 막고 국가들 간의 분쟁을 해결하기 위해 국제 연맹이 형성되었다. 그렇지만 국제 연맹이 약했기 때문에 제이 차 세계 대전을 막을 수 없었다. 제이 차 세계 대전 후에 평화를 유지하기 위하여 국제 연합(UN)이 설립되었다. 그렇지만 그것은 국가들 간의 문제를 성공적으로 해결하지 못했다. 어느 누구도 유럽, 극동, 그리고 중동의 문제들을 해결할 수 없었다. 이 모든 문제에는 해결이 필요하다.

세계정세뿐 아니라 우리는 기독교 안의 상황을 고려해 보아야 한다. 오늘날의 기독교에는 분열과 분쟁이 가득하다. 나는 구원받은 때부터 많은 그리스도인 지도자들이 이 문제들을 해결하려고 애쓰는 것을 보아 왔다. 그렇지만 그리스도인들 사이의 상황에 긍정적인 변화는 없었다. 도리어 더 많은 문제들이 기어들어 왔다. 또한 모든 인류에게도 신체적, 정신적, 영적인 영역에서 자기 나름의 개인적인 문제들이 있다. 이 모든 문제에는 종결이 필요한데, 주님께서 돌아오시는 것이 그 종결이다.

우리는 레바논에서, 즉 삼층천에서 보는 관점을 가지고 있기 때문에 우주에서 무슨 일이 진행되는지 알고 있다(아 4:8). 예수님은 땅으로 오시는 중이시며, 그분은 승리를 얻으실 것이다. 중심인 이스라엘 나라와 주변의 아랍 국가들은 어찌해야 할 바를 알지 못하지만, 중동에서의 문제들이 모두 성경에 따라 이루어지고 있다는 사실은 주 예수님께서 오고 계신다는 것을 가리킨다. 언제 그분께서 도착하실지 모르지만, 우리는 그분께서 돌아오실 것과 돌아오고 계신다는 것을 확신할 수 있다. 주님은 돌아오셔서 국가 간의 문제들, 사회와 기독교 안의 문제들을 끝내실 것이다. 왜냐하면 그분께서 모든 문제의 유일한 해결이시고 종결이시기 때문이다.

주님을 믿고 사랑함으로
주님의 다시 오심을 예비함

주님께서 오시는 중이기 때문에 우리는 그분의 오심을 예비해야 한다. 예비하는 길은 먼저 그분을 믿는 것이고 그다음은 그분을 사랑하는 것이다. 주님을 믿는 것은 그분을 받아들이는 것, 즉 그분을 우리 안으로 영접하는 것이며(요 1:12), 그분을 사랑하는 것은 그분을 누리는 것이다. 매일 우리는 주님에 대한 우리의 사랑을 선포해야 한다. 우리는 "주 예수님, 당신을 사랑합니다. 저는 당신 외의 어느 것에도 관심이 없습니다. 주 예수님, 당신만을 사랑합니다."라고 말할 수 있다. 이것이 주님을 부르는 한 가지 방법이다.

어떤 사람들은 우리가 주님의 이름을 부른다고 비판한다. 그들은 주님을 부르는 것이 헛된 일을 반복하는 것이라고 주장한다. 우리는 주님을 부르는 것이 반복하는 것임을 인정하지만 헛된 것은 아니다. 우리가 주님을 부르는 것은 우리의 영적인 호흡이다(애 3:55-56). 우리는 물질적인 호흡을 반복하지만 헛되지 않다. 우리의 영적인 호흡도 마찬가지이다. 사실 우리의 호흡은 반복되어야 한다. 그렇지 않으면 우리의 생존은 끝날 것이다. 심지어 우리가 잠들었든지 피곤하든지 호흡은 계속된다. 숨 쉬는 것 외에도 우리는 잠자는 것과 먹는 것 같은 일상생활의 몇 가지 다른 행동들도 반복한다. 이 반복적인 행동들 중 어느 것도 헛된 것이 없다.

우리는 주님을 부르고 그분께 사랑한다고 말해야 한다. 더욱이 우리가 주님을 사랑한다고 선포할 때, 우리는 또한 그분의 나타나심을 사모한다고 선포해야 한다. 우리는 이렇게 말할 수 있다. "오, 주 예수님, 당신을 사랑합니다. 그리고 당신의 나타나심을 사모합니다. 당신은 제 안에 계시지만 저는 여전히 당신의 나타나심이 필요합니다. 저는 이러한 불일치를 조화시킬 수 없지만 이것이 사실임을 압니다. 주 예수님, 오십시오!"

2

신부를 예비하기 위한 하나님의 일

God's Work for
the Preparation of the Bride

제2장

신부를 예비하기 위한 하나님의 일

성경: 벧후 3:3-4, 8-9, 요 3:29, 엡 5:25-27,
계 19:7, 22:17

인류 역사에서 여러 일들이 공허하게 반복되는 상황과 그것이 가져오는 불만족

지구는 하나의 비밀이고, 지구상에 사는 사람들은 우주의 의미를 모른다. 지구상에 있는 많은 과학자들, 철학자들, 권위자들 가운데 누구도 우주의 운명과 인생의 목적을 알지 못한다. 오랜 역사 동안 공허하게 반복되는 일들—잠자는 것, 먹는 것, 옷 입는 것, 매일 하는 똑같은 일—은 많은 사람들을 만족시키지 못한다. 이러한 불만족은 선진국에서 가장 분명하게 드러난다.

일 세기 전에는 많은 사람들이 현대의 편의 시설을 가지지 못했다. 그렇지만 오늘날은 상황이 다르다. 선진국, 특히 미국에서는 사람들이 누림을 위한 많은 물질적인 것들을 가지고 있다. 하지만 미국의 젊은 세

대는 물질적인 누림을 혐오하게 되었다. 교육, 과학, 교통, 통신 기술이 큰 진보를 하였지만, 사람들에게는 인생의 방향이 없다. 수많은 사람들이 여전히 방황하고 있으며, 그들 중 많은 사람들이 총체적인 인류 역사에 만족하지 못한다. 인류 역사 내내 전쟁이 계속되어 왔고, 많은 사람들이 평화에 관하여 말하지만, 평화는 없다. 역사상 오늘날만큼 평화에 관하여 말한 적이 없었다. 심지어는 오직 평화를 유지하기 위한 목적으로 설립된 국제적인 조직인 국제 연합이 있다. 이 상황은 데살로니가전서 5장 3절에 묘사된 것과 일치한다. "사람들이 '평화롭다, 안전하다.'라고 말할 그때에 임신한 여자에게 진통이 오듯이, 멸망이 갑자기 그들에게 닥칠 것입니다. 그래서 그들이 결코 피하지 못할 것입니다."

많은 사람들이 여러 일들이 공허하게 반복되는 상황에 빠져서 무엇을 해야 하는지, 어디로 방향을 바꾸어야 하는지를 모른다. 유감스럽게도 누구도 그들의 질문에 답을 줄 수 없고, 그들에게 방향을 알려 줄 수 없다. 이와는 대조적으로 우리 그리스도인들은 방황하지 않는다. 우리에게는 하늘에 속한 지도자가 계시기 때문에, 우리는 어디로 가야 하는지, 무엇을 해야 하는지 알고 있다. 우리는 주 예수님을 따라 움직이고 있다. 그분은 오고 계시며 우리는 그분을 향해 가고 있다. 그분은 오고 계시며 우리는 가고 있다. 결국 그분과 우리는 만날 것이며, 나는 이 만날 시간이 곧 올 것이라고 믿는다.

베드로후서 3장 3절과 4절은 "여러분이 먼저 알아야 할 것은 마지막 날들에 조롱하는 사람들이 와서 조롱하면서 자기들의 욕망에 따라 행동하며 '주님께서 오신다는 약속이 어디 있습니까? 조상들이 잠든 이래로 만물은 창조된 처음과 똑같이 그대로 있습니다.'라고 말한다는 것입니다."라고 말한다. 이 구절들에 따르면, 어떤 사람들은 창조가 시작된 때부터 인류 역사에서 헛되이 반복되는 일들을 지적하며 "주님께서 오신다는 약속이 어디 있습니까?"라고 말하며 조롱할 것이다. 인생의 모든 일은 반복되는 순환 속에서 계속된다. 솔로몬은 "이미 있던 것이 다시 있게 되고 / 이미 했던 일을 다시 하게 되니 / 해 아래 새로운 것이란 아무것도 없다. / 사람이 무엇을 두고 '보아라, 이것이 새것이다.' 할 수 있겠는가?"(전 1:9-10)라고 말했다. 내가 처음 넥타이를 매기 시작했을 때, 그때의 유행은 넓은 넥타이를 매는 것이었다. 시간이 지나 유행이 변하여 넥타이가 좁아졌다. 그렇지만 나중에 넓은 넥타이를 매는 유행이 다시 돌아왔다. 인류는 합당한 방향을 가지고 있지 못하기 때문에, 우리는 공허하게 반복되는 똑같은 종류의 일들을 인간 생활의 여러 영역과 유행에서 찾아 볼 수 있다. 그렇지만 우리는 모든 것이 협력하여 하나님의 목적을 성취하고 있다는 것을 안다(롬 8:28).

하나님의 목적 — 우주의 의미

하나님의 목적은 그분의 아들을 위한 신부를 얻으시는 것이다. 오늘날 우주의 왕이신 하나님은 그분의 아들이신 예수 그리스도를 위한 신부를 예비하고 계신다(요 3:29, 엡 5:25-27, 계 19:7, 21:2, 9, 22:17). 그런 목적이 없다면 어떤 일에도 의미가 없을 것이다. 이 목적 때문에 하나님은 하늘들과 땅, 수많은 생물들과 사람을 창조하셨다(계 4:11). 하나님은 바로 그분의 목적을 성취하시기 위해 사람을 창조하셨다. 널리 퍼진 종교적인 관념과는 반대로, 하나님은 사람들을 하늘로 데려가시기 위해 사람을 창조하신 것이 아니다. 수많은 믿는 이들이 하늘로 가고 싶어 하지만 주 예수님은 하늘을 떠나 땅으로 오고 계신다.

하나님의 의도는 온통 그분의 아들을 위해 신부를 예비하시는 것이다. 이 신부는 그분께서 선택하신 모든 사람들로 이루어진다. 이것이 우주의 의미이다. 하나님은 수십억의 인간들을 창조하셨지만, 그분의 선한 기쁨을 따라 창세전에 그분의 예지를 행사하시어 이 수십억의 사람들 가운데에서 어떤 사람들을 선택하셨다(엡 1:4, 살후 2:13, 벧전 1:2). 하나님은 이 사람들, 곧 그분께서 선택하신 사람들을 그분의 사랑하는 아들을 위한 신부의 일부가 되도록 미리 정하셨다. 오늘날 어떤 사람들은 하나님께서 주무신다고 생각하기도 하며, 심지어 어떤 사람들은 감히 하나님께서 돌아가셨다고 말하기도 한다. 그와는 반대로 하나님은 주무시지도 돌아가시지도 않았다. 그분은 일하고 계신다. 하나님은 땅 위의 모든 인간사에서 일하고 계시며 또한 그분께서 선택하신 모든 사람들 안에서 일하고 계신다.

하나님의 선택이 우리의 방향과 운명을 결정함

처음에 바울은 하나님께서 자신을 선택하시고 미리 정하신 것을 알지 못했다. 그는 유대 종교 안에서 성장했으며 그 종교 안에서 앞서가려고 최선을 다했다(갈 1:13-14). 그렇지만 일단 하나님께서 우리를 선택하시면 우리 자신의 방향은 의미가 없다. 바울은 하나님께 선택받았지만 자기 자신의 방향으로 가려고 애썼다. 그는 '나는 다소 사람 사울이다. 나는 다마스쿠스로 가서 예수를 사랑하는 사람들을 모두 체포하겠다.'라고 생각했을 것이다. 그렇게 강한 결심을 했지만, 가는 도중에 그는 주 예수님을 만났다(행 26:9-13). 하늘에 계신 선택하시는 분께서 그를 땅에 쓰러뜨리시고 말씀하셨다. "사울아, 사울아, 네가 왜 나를 박해하느냐? 가시 돋친 막대기에 뒷발질하는 것이 너에게 고통이다."(행 26:14) 쟁기에 달린 가시 돋친 막대기는 쟁기에 매인 소를 굴복시키고

찌르기 위하여 사용된 끝이 뾰족한 막대기이다. 여기에서 주님의 말씀은 사울이 이미 쟁기에 매여 있다는 것을 암시한다. 사울이 가시 돋친 막대기를 차면 다만 자기를 상하게 할 뿐이다. 왜냐하면 그는 주님의 멍에를 메지 않을 수 없기 때문이다. 주님의 말씀을 들었을 때, 사울은 “주님, 누구십니까?”(행 26:15)라고 반응했다. “주님”이라고 하자마자 사울은 거듭났다(롬 10:13). 그가 주님을 아는지 모르는지는 중요하지 않았다. 그가 주님을 부르자마자 주님께서 그의 안에 들어오셨다. 그러자 주님께서 “나는 네가 박해하는 예수다.”라고 대답하셨다. 어떤 의미에서 주님은 사울에게 “나는 너를 선택한 선택자이다. 나는 창세전에 너를 선택하였다. 너는 나와 함께 행해야 한다.”라고 말씀하고 계셨다. 주님을 이렇게 만난 후에 사울, 곧 바울은 자신이 선택되고 미리 정해졌다는 것을 깨닫기 시작했다. 사울은 주님께 사로잡혔고 자신이 취하게 될 방향이 자신에게 달려 있지 않고 주님께 달려 있음을 깨달았다(행 22:10).

나는 중국에서 태어나 자랐다. 주님께서 나를 얻으신 후에 나는 중국 북부에 복음을 전파할 작정이었다. 그러나 상당한 시간이 지난 후에 주님은 내가 미국으로 이주하도록 안배하셨다. 이것은 우리의 방향이 우리에게 달린 것이 아니라 그분께 달려 있음을 보여 준다. 우리 하나님은 살아 계시고, 우리 예수님은 그분께서 선택하신 모든 사람들을 얻으시기 위해 기묘하고 감추어지고 비밀스러운 방식으로 일하고 계신다. 많은 사람들이 주님께서 그들을 얻기 위하여 감추어진 방법으로 일하셨음을 증언할 수 있다. 어떤 사람들은 밤에 잠을 자고 있을 때, 보이지 않는 분께서 그들을 깨워 마음을 만지시고 그들이 무엇을 할 것인지에 대해, 어디에 갈 것인지에 대해, 그리고 그들의 영원한 운명에 대해 생각하게 하셨다. 결국 그들은 주님께 돌이켜야 했다. 이것은 주 예수님께서 죽어 있지 않으신다는 것을 보여 준다. 그분은 살아 계시며, 그분의 신부를 예비하기 위하여 우리 안에서 일하고 계신다.

우리는 회개하는 데에 이르러야 함

조롱하는 사람들은 주 예수님께서 요한계시록 끝에서 속히 오시겠다고 세 번이나 약속하시고도 약 이천 년이 지났지만, 아직 아무 일도 일어나지 않았다고 말할지도 모른다(계 22:7, 12, 20). 그들은 주님께는 천 년이 하루 같다는 것을 깨닫지 못하고 있다(벧후 3:8). 그러므로 그분께는 지나간 이천 년이 겨우 이틀이다. 그럼에도 불구하고 이것으로 인해 우리는 주님의 다시 오심이 오랜 시간 동안 일어나지 않을지도 모르니 우리가 잠들어도 된다고 생각하지 말아야 한다. 우리는 도리어 깨어 있어야 하고 잠들지 말아야 한다. 왜냐하면 아무도 그분이 오실 때를 알지 못한다고 주님께서 말씀하셨기 때문이다(마 24:36, 25:13). 우리는 주님께서 그분을 믿는 모든 사람들이 회개에 이르도록 더 많은 시간을 주시기 위해 그분의 다시 오심을 미루고 계신다는 것을 깨달아야 한다(벧후 3:9).

회개는 작은 문제가 아니다. 회개하는 것은 우리가 생각과 목적을 전환하는 것을 의미한다. 우리 모두에게는 그러한 전환이 필요하다. 주 예수님은 그분의 신부를 예비하고 계시는데, 우리는 그분의 갈망을 위하지 않는다. 심지어 추구하고 헌신한 그리스도인들도 영성, 다른 언어로 말함, 병 고침, 선교와 같은 일들로 인해 하나님의 갈망으로부터 빗나갔다. 많은 믿는 이들이 기독교의 영역 안에 있는 많은 선한 일들을 위해 있으나, 그분의 신부를 예비하기 위해 주님께 자신을 명확하고 완전하게 드리지 않았다. 이 때문에 우리는 모두 회개해야 하며 신부를 예비하시려는 그분의 목적을 위하여 주님께 돌이켜야 한다.

한 면에서 주님은 우리에게 회개할 시간을 더 주시기 위하여 그분의 오심을 지체하신다. 또 한 면에서 그분의 다시 오심은 그분의 신부를 위한 것인데, 그분의 신부가 아직 준비되지 않았기 때문에 그분은 돌아오실 수 없다. 그분의 신부가 준비되기 전에 주님께서 돌아오시는 것은, 온전히 성장한 신랑이 아직도 조그만 소녀인 신부와 하는 결혼식과 같을 것이다. 이것은 신랑이신 주 예수님께서 그분의 신부가 준비될 때까지 돌아오실 수 없다는 사실을 보여 준다.

1936년에 어떤 그리스도인 교사가 세계정세를 관찰하고 주님께서 돌아오실 시기를 예측했다. 그의 글을 읽은 후에, 우리는 그의 글을 읽은 사람들에게 그때는 주님께서 돌아오실 시기가 아니라고 경고했다. 왜냐하면 주님은 신랑으로서 그분의 신부를 위하여 돌아오실 것이기 때문이다. 신부가 준비되지 않았기 때문에 신랑은 오실 수 없다. 그 예측한 시기로부터 여러 해가 흘렀지만, 주님은 아직도 돌아오시지 않았다.

진정한 교회생활의 회복에 의해 신부를 준비함

오늘날의 세계는 1936년의 때와 다르다. 그래서 우리는 적어도 주님께서 돌아오실 날이 가까워지고 있다고 말할 수 있다. 주님의 다시 오심에 관한 성경의 많은 중요한 예언이 성취되었다. 더욱이 세계에서 경제적으로나 정치적으로 일어나는 혼란은 이 시대의 끝을 보여 주는 표징이다. 나는 주님께서 한 가지 일, 즉 그분의 신부를 준비하는 일을 하고 계신다고 믿는다. 주님은 진정한 교회생활의 회복에 의해 그분의 신부를 준비하고 계신다. 각 지방에 있는 교회들 안에서 우리는 분열되지 않고 분열을 일으키지도 않는다. 우리는 어떤 교리나 실행을 주장하지 않는다. 우리는 다만 주 예수님과 그분의 몸, 즉 그리스도와 교회, 신랑과 신부를 위한다.

어떤 사람이 주 예수님을 믿는 한, 그는 그리스도 안에 있는 우리의 형제이며 우리는 그를 형제로 받는다. 모든 믿는 이들은 특별한 교리, 실행, 선호를 포기해야 한다. 우리는 모두 그리스도께서 내주하시는 그리스도인 형제들이며, 그분의 피로 덮였고 깨끗해졌으며, 영 안에서 하나이다. 따라서 우리는 모든 종류의 분열, 혼돈, 의견 차이에서 나와서 진정한 교회생활 안으로 들어가야 한다. 믿는 이들 사이의 그러한 결단과 실행은 신부를 예비하는 일의 일부다.

어떤 사람들은 우리를 비난하면서, 우리가 하나로 모이기 위하여 여러 분열로부터 나오는 것은 또 다른 분파를 만드는 것이라고 말한다. 그렇지만 우리는 또 다른 분파가 아니다. 정확히 우리는 교회생활에 대한 주님의 회복의 일부이다. 우리는 종교의 우리에서 구출을 받아 하나님의 한 양 떼 안으로 들어왔다(요 10:2-5, 16, 벧전 5:2). 오늘날 우리는 더 이상 분열의 우리 안에 있지 않다. 우리는 양 떼 안에 있는데, 거기에서 주 예수님은 우리로 회개하여 많은 방향에서 그분의 한 목표—준비된 신부인 교회—로 돌이키도록 일하고 계신다. 우리는 주님께서 태만하시다고 생각하지 말아야 한다. 그분은 깨어 계시며 돌아오시기 위해 일하고 계신다. 우리는 세계정세가 어떠하든지 모든 일이 협력하여 신부인 교회를 준비하고 있다고 완전히 확신한다.

로마서 9장 21절은 "토기장이가 같은 진흙덩이로 하나는 귀하게 쓸 그릇을, 하나는 천하게 쓸 그릇을 만들 권위를 갖고 있지 않겠습니까?"라고 말한다. 이 구절은 하나님께서 세상의 많은 사람들 가운데서 선택하시고 부르시고 찾아오신 어떤 사람들에게 일하고 계신다는 것을 암시한다. 우리는 선택되었을 뿐 아니라 부르심을 받았으며, 오늘날 하나님의 계속적인 방문을 누린다. 주님은 우리에게 일하고 계신다. 우리는 주님께서 우리 안에서 얼마나 많은 일을 성취하셨는지 알 수 없다. 그러나 주님은 자신이 어떤 일을 하고 계시는지 알고 계신다.

그릇을 만드는 공장에서는 많은 진흙덩이가 버려지며 오직 일정한 양의 진흙만이 합당한 그릇으로 완성된다. 마찬가지로 주 예수님은, 귀하게 쓸 그릇이 되도록 믿는 이들에게 일하시지만 그 주변에 있는 다른 사람들은 천하게 쓸 그릇으로 희생될 것이다. 그렇지만 사람이 귀하게 쓸 그릇인지 천하게 쓸 그릇인지는 그의 노력에 달려 있는 것이 아니라 하나님의 긍휼에 달려 있다(롬 9:15-16).

우리는 마지막 시대에 있다는 것을 깨달아야 한다. 주님은 그분의 일을 완성하시기를 갈망하신다. 따라서 우리는 깨어서 주님께 우리에게 긍휼을 베풀어 주시기를 간구해야 한다. 우리는 "주님, 저를 긍휼히 여겨 주십시오. 제 안에서 당신의 일을 계속하십시오. 저로 떠나게 하지 마십시오. 주님, 저를 지나쳐 가지 마시고 버리지 마십시오. 저를 다루시고 저에게 일하십시오."라고 기도해야 한다. 이러한 기도를 통해 우리는 주님께서 하시는 일에 자신을 열어 드릴 것이며, 그분께서 돌아오시는 날을 재촉할 것이다. 이렇게 기도할 때 우리는 결코 전과 같지 않을 것이다. 왜냐하면 이러한 기도는 주님의 갈망과 부합하기 때문이다.

우리는 교리, 은사, 실행을 주의하지 말아야 한다. 그 대신 주님께서 우리를 더 차지하시고, 주님의 움직임 안에서 우리가 그분과 동행할 수 있도록 주님께 긍휼을 구해야 한다. 우리가 기꺼이 주님과 함께 전진하기를 바랄 때, 그분은 우리 안에서 더 깊이 일하실 수 있다. 그분은 우리가 다른 사람들과 하나 되어 몸으로 건축될 수 있도록 우리 존재의 많은 부분들을 만지시며 우리를 다루실 수 있다. 몸의 건축은 신부의 준비이며 하나님의 목적의 성취일 것이다. 하나님은 그분의 많은 자녀들이 그리스도로 충만해지는 것을 보기를 원하시며 그들이 모두 함께 신부로 건축될 정도까지 그들에게 일하기를 원하신다. 그리스도의 신부에게는 더 이상 의견, 분열, 교리상의 차이가 없다. 오직 그리스도와 교회만 있을 뿐이다. 주님께서 돌아오실 때 그러한 신부가 주님을 위해 준비되어 있을 것이다.

우리는 온 우주에 예수님께서 오고 계신다고 선포해야 한다. 그분은 오고 계시며 우리는 그분을 맞으러 가고 있다. 그분은 죽거나 잠들지 않으신다. 그분은 일하시며 살아 계시고 우리와 함께 전진하시며 우리로 그분과 동역하게 하신다. 사도 요한은 밧모섬에 있을 때 "아멘. 주 예수님, 오십시오!"(계 22:20)라고 기도했다. 우리는 요한의 기도에 반응해야 하고, 우리가 주님을 맞이하러 가는 길에 계속 있을 수 있도록 주님께 요청해야 한다.

3

주님으로 충만해지고 그분의 두 번째 오심을 위해 그분의 증거를 지님

Being Filled with the Lord and Bearing His Testimony for His Second Coming

제3장

주님으로 충만해지고 그분의 두 번째 오심을 위해 그분의 증거를 지님

성경: 마 24:40-44, 25:1-13

주님께서 도둑처럼 다시 오심

마태복음 24장 43절과 44절은 "그러나 여러분은 이것을 아십시오. 만일 집주인이 밤 어느 시각에 도둑이 오는지를 안다면, 깨어 있어 자기 집을 뚫고 들어오지 못하게 할 것입니다. 이러므로 여러분도 예비하고 있도록 하십시오. 왜냐하면 여러분이 생각하지도 않은 시각에 사람의 아들이 올 것이기 때문입니다."라고 말한다. 이 구절들에 따르면, 주님은 공개적인 방법으로 오시지 않고 도둑처럼 비밀하고 감추어진 방법으로 오실 것이다. 도둑은 집주인이 알지 못하는 때에 온다. 따라서 주님께서 돌아오시는 때는 너무나 비밀이어서 '그날과 그 시각'은 아무도 모르며, 심지어 하늘의 천사들도 모르고, 아들도 모르며 다만 아버지만 아신다(마 24:36). 주님께서 돌아오시는 날과 시간은 비밀이기 때문에, 우리는 주님께서 돌아오시는 날을 예측하려고 외적인 표징들을 연구하지 말아야 한다. 지난 이 세기 동안 주님께서 돌아오실 시기를 예측하려고 노력한 모든 사람들이 그것을 맞추는 대신 실패했다.

주님께서 도둑처럼 다시 오실 때의 두 가지 특징

주님께서 다시 오실 때, 그분은 방문하는 손님이 아니라 훔치는 도둑처럼 오실 것이다. 도둑은 두 가지 특징을 가지고 있다. 도둑은 사람들이 알지 못하는 때에 오며, 귀중한 것들을 훔치기 위해 온다. 따라서 주님은 도둑처럼 우리가 알지 못하는 때에 오실 것이며, 우리가 주님께 소중할 경우에만 우리를 훔쳐 가실 것이다. 우리는 주님의 눈에 소중한 사람들이 되어야 한다.

주님께서 보실 때 소중하게 되기 위하여 그분을 사랑하고 그분께 우리 자신을 허비함

주님께서 보실 때 소중하게 되기 위하여 우리는 그분께 우리 자신을 '허비'해야 한다(마 26:6-13). 한 가지 관점에서 볼 때 우리가 주님을 사랑하고 추구하여 우리의 생명을 허비하고 있는 것 같지만, 다른 관점에서 볼 때 우리는 우리의 생명을 구원하고 있는 것이다. 주님을 더 사랑할수록 우리는 그분께 더 귀하게 될 것이다. 주 예수님에 대한 우리의 사랑은 우리를 금과 진주와 보석, 즉 새 예루살렘의 건축 재료로 만드시는 그분의 변화시키는 일 아래 둠으로써 우리를 소중하게 만든다(계 21:18-21, 비교 고전 3:12). 그러면 도둑처럼 오실 때, 그분은 이 소중한 사람들을 훔쳐 가실 것이다. 그러므로 우리는 그분께서 돌아오실 때를 알려고 하기보다, 그분께서 보시기에 소중하게 되는 데 더 주의를 기울여야 한다. 주님께서 돌아오실 시기는 아버지께 달려 있지만, 우리가 소중하게 되느냐 되지 않느냐는 대부분 우리에게 달려 있다. 우리가 주 예수님께 우리의 시간과 생명을 소비한다면, 우리는 그분께 허비함으로 구원받게 될 것이다. 땅 위의 많은 사람들은 교육, 직업, 좋은 가정생활, 물질적인 것의 누림, 여러 가지 오락 등에 자신을 허비하느라고 바쁘다. 그들은 정말로 잘못된 것들에 생명과 시간을 허비하고 있다. 앞에서 말한 것들 중 어떤 것도 본래 부정적인 것이 아니다. 그렇지만 그것들은 하나님의 대적인 사탄의 손에 도구가 되어, 사람을 강탈하고 하나님의 목적으로부터 멀어지게 할 것이다. 사탄의 강탈 아래서 우리가 이러한 것들에 시간과 존재를 투자하는 것은 참으로 허비가 된다.

우리가 각 지방에서 교회생활을 하는 목적은 예수님께 허비함으로써 구원받기 위해서이다. 몇몇 사랑스러운 성도들은 비록 짧은 시간 동안 각지 교회들의 집회에 참석했지만, 매우 빨리 상당한 양의 영적 중량을 얻었다. 주님을 사랑하여 그분께 더 허비할수록, 우리는 그분께서 도둑처럼 오실 때 훔쳐 갈 가치 있는 보석으로 더 변화될 것이다.

주님의 두 번째 오심을 밝혀 주는 두 가지 비유

마태복음 24장과 25장에는 주님께서 그분의 두 번째 오심을 밝혀 주시기 위해 사용하신 두 가지 비유가 포함되어 있다. 이 장들에서 '오시는'이라고 번역된 헬라어 단어는 '파루시아(parousia)'인데, 이것은 '임재'를 의미한다. 이것은 주님께서 돌아오시는 것이 한순간에 일어날 사건이 아니라는 것을 가리킨다. 첫 번째 비유에서는 '둘'이라는 숫자—밭에 있는 두 남자와 맷돌질하는 두 여자—가 사용되었다(마 24:40-41). 두 번째 비유에서는 '열'이라는 숫자—열 처녀—가 중요하다(25:1-13). 이 두 숫자가 합쳐지면 '열둘', 즉 영원 안에서의 교회인 새 예루살렘의 숫자가 된다. 새 예루살렘에는 열두 문이 있는데 그 문에는 이스라엘 자손 열두 지파의 이름이 새겨져 있으며, 또 열두 기초석이 있는데 그 기초석에는 어린양의 열두 사도의 이름이 있다(계 21:12-14). 열둘이라는 숫자가 하나님과 사람의 궁극적인 연합인 새 예루살렘을 상징한다는 사실은, 주님의 오심에 관한 마태복음 24장과 25장의 비유가 교회생활과 관련이 있다는 것을 계시한다. 더욱이 열둘의 소수인 둘이라는 숫자와 다수인 열이라는 숫자는 교회생활에 둘과 열의 방면이 있음을 가리킨다. 비유 중 한 유형은 믿는 이들 중 소수를 다루고 있는 반면, 다른 유형은 다수를 다루고 있다. 소수는 주님께서 오실 때 살아 있는 믿는 이들을 가리키는 반면, 다수는 모든 처녀들이 신랑이 더디 오는 동안 졸다가 잠든 것이 가리키듯이, 주님께서 오시기 전에 죽은 믿는 이들을 가리킨다(마 25:5).

우리의 생활을 돌보지만
우리의 필요에 의해 빗나가지 않음

마태복음 24장 40절과 41절은 "그때에 두 남자가 밭에 있는데, 한 사람은 데려가고, 한 사람은 남겨 둡니다. 두 여자가 맷돌질을 하고 있는데, 한 사람은 데려가고, 한 사람은 남겨 둡니다."라고 말한다. 밭은 곡식이 자라기 위한 것이며, 맷돌은 밭의 소산물을 가공하기 위해 사용된다. 둘 다 생활을 위해 일하는 데 관련되어 있다. 비록 믿는 이들은 이 생활의 필요에 마취되지는 않아야 하지만, 생활을 위해서는 일해야 한다(살후 3:10). 우리가 참으로 주님의 오심을 기다린다면 합당하게 우리의 생활을 돌보아야 한다. 그러나 우리는 우리의 필요에 관해 염려하거나 그 필요에 의해 빗나가지 말아야 한다(마 6:25-34).

하나님의 증거를 지니기 위해 기름이신 그 영으로 충만해짐

열 처녀에 관한 마태복음 25장 1절부터 13절까지의 비유는 믿는 이들이 깨어 있어야 함을 다룬다. 이 비유에서 중요한 점은 충분한 기름을 갖는 것이다. 기름과 함께 등과 그릇이 있다. 등은 기름이신 하나님의 영을 담는 믿는 이들의 영을 상징한다(잠 20:27, 롬 8:16). 성경 전체를 통하여 등은 하나님의 증거와 연관되어 있다(출 25:31-39, 슥 4:2-6). 빛나는 것은 선포하고 선언하고 증언하는 것, 즉 증거를 지니는 것이다.

믿는 이들은 주님의 증거를 지니기 위해 그들의 영 안에서부터 하나님의 영의 빛을 비추어 내야 한다. 요한계시록에서 등잔대들은 각 지방에 있는 교회들을 상징하는데(계 1:12, 20), 하나님의 증거를 위해 빛이신 하나님과 함께 빛나는 등이신 그리스도를 지니고 있다(계 21:23). 하나님의 증거는 주로 빛을 비추시는 그리스도이며, 결국 이 증거는 교회 생활이 된다. 젊었을 때 나는 몇몇 그리스도인 교사들에게서 친절하고 신중하며 겸손함으로써 합당한 증거를 지닐 수 있다고 배웠다. 그렇지만 얼마 후에 나는 그러한 증거는 예수님을 비추어 내는 것이 아님을 깨달았다. 오히려 그것은 사람의 흉내를 내는 원숭이와 같다. 하나님의 증거는 예수님을 비추어 내는 것이다. 우리 믿는 이들은 겸손이나 인내를 증언하지 않는다. 우리는 그리스도를 증언한다. 우리는 그 안에 빛이신 하나님을 가진, 등이신 그리스도를 비추어 낸다. 이것이 우리의 증거이며, 그러한 증거가 교회생활이다. 교회 사람들은 등을 가지고 세상에서부터 나가는 사람들이다. 이들은 하나님의 증거인 그리스도와 교회를 지님으로써 등을 가지고 빛을 비춘다(마 25:1).

신랑이신 그리스도께서 돌아오고 계시며, 처녀들인 우리는 그분을 맞으러 나가야 한다. 우리는 세상, 교파, 자유 그룹, 분파, 우리의 자아, 우리의 정욕, 우리의 옛 본성, 우리의 교육, 우리의 지위, 그리고 우리를 주님으로부터 빗나가게 하는 다른 모든 것들로부터 나가야 한다. 처녀들로서 우리는 어두운 시대에서 등, 즉 주님의 증거를 지니고 주님을 맞으러 세상에서부터 나가야 한다.

믿는 이들은 항상 나가는 사람들이다. 그렇지만 이것은 우리가 하는 일이 없다는 의미가 아니다. 우리는 실업자들이 아니다. 사실 우리는 하나님의 증거인 그리스도와 교회에 사로잡혀 있기 때문에 고용된 사람들보다 더 하는 일이 많다. 그리스도는 등이시고, 교회는 등을 지탱하는 등잔대인데, 등 안에는 빛이신 하나님께서 계신다. 하나님의 증거를 지니는 것은 겸손하거나 인내하는 것보다 훨씬 더 중요하다. 하나님께서 필요로 하시는 것은 우리의 겸손이나 인내가 아니다. 그분께서 필요로 하시는 것은 그분의 증거가 되는 그리스도와 교회이다.

그리스도는 신랑과 등과 기름이심

그리스도는 신랑, 등, 기름이신 그 영이시다(고후 3:17). 신랑으로서 그리스도는 오시는 분, 즉 우리가 맞으러 나갈 분이시다. 등이신 그분은 우리가 가지고 있어야 할 분이시고, 우리는 그분께 사로잡혀야 한다. 기름으로서 그분은 우리를 충만하게 하시는 분이시다. 결국 그리스도는 모든 것이시다. 그분은 모든 것이시며 모든 것 안에 계신다(골 3:11). 오늘날 우리는 그리스도 한 분만으로 점유되어야 한다. 그리스도는 오고 계시며, 또한 지금 여기에 우리와 함께 계신다. 그분은 우리가 그분을 만나러 나가기 위하여 가지고 있는 등이시다. 더욱이 우리는 그분을 맞을 준비를 하기 위하여 그릇으로 상징된 혼 안에 그리스도를 채워야 한다(롬 9:21, 23, 고후 4:7). 이것은 교리적인 것이 아니라 실행적인 것이다. 그리스도는 오실 분이시며 현존하는 분이시다.

주님으로 충만하기 위하여 그분을 부름

기름이신 그리스도로 충만하기 위하여 우리는 계속 그분의 이름을 불러야 한다. 우리는 또한 하나님의 말씀인 성경을 읽음으로 주님의 풍성을 받아들여야 한다. 우리의 영을 사용하지 않고 생각으로만 성경을 연구한다면, 우리의 연구는 헛된 일이 될 것이다. 우리는 생각을 사용할 뿐 아니라 주 예수님의 이름을 불러 영을 사용함으로, 말씀에 우리의 시간을 들여야 한다. "오, 주 예수님!"이라고 부를 때, 우리는 기름이신 그리스도, 즉 생명 주시는 영으로 채워진다.

교회생활에 관하여 주님께 진지하다면, 우리는 염려 없이 우리의 생활을 돌보아야 하며, 우리의 증거인 그리스도와 교회를 붙잡아야 한다. 더욱이 우리는 주님으로 충만해지도록 계속하여 모든 것에서부터 나와서 주님께 가야 한다. 이렇게 함으로 우리는 불타고 빛날 것이며, 예수님의 증거가 될 것이다(계 1:2, 9). 우리가 교회라고 선포하는 것만으로는 의미가 거의 없다. 예수님의 증거가 되기 위해서, 우리는 교회의 실재를 가져야 하며, 이 실재는 그리스도이다. 우리는 증거이신 주님을 지님으로써 세상에서 나와서 그분을 맞으러 가는 사람들이 되어야 한다. 그럴 때에만 우리는 실재 안에서 교회가 될 수 있다.

참된 교회는 그리스도와 교회의 증거를 지님

참된 교회 안에는 어떤 분열적이고 분파적이며 편협한 태도가 결코 있을 수 없다. 오히려 교회는 모든 참된 그리스도인들을 포함한다. 그러한 포괄적인 교회는 우주 안에서 그리고 어떤 도시에 나타난 표현에 있어서 유일하다. 온 우주 안에는 오직 한 교회만 있기 때문에, 어떤 지방에도 유일한 교회의 하나의 표현만 있어야 한다. 이 표현이 지방에 있는 교회이다(행 8:1, 13:1, 14:23, 롬 16:1, 고전 1:2, 고후 8:1, 갈 1:2, 계 1:4, 11). 한 지방에 한 교회보다 더 많은 교회가 있을 수 있다고 생각한다면 우리는 분파적인 사람이 된다.

이스라엘 나라는 이스라엘 땅과 밀접하게 관련되어 있다. 자기들이 이스라엘 나라라고 선포하는 사람들은 누구든지 이스라엘 땅에 있어야 한다. 사람들이 이스라엘 땅 외의 어느 곳에 거주한다면, 그들이 이스라엘 나라의 일부라고 말하는 어떤 선포도 거짓이다. 이스라엘에 관한 상황은 교회의 상황과 비슷하다. 많은 그리스도인들이 자신들을 교회라고 생각하지만 그들은 교회의 터에 서 있지 않다. 어떤 믿는 이가 교회의 실행적인 표현의 일부라고 선포하고자 한다면, 그는 교회의 터로 돌아와야 한다. 우리가 모든 교파, 분파, 분열에서 나와 교회의 터에 설 때에만, 우리는 교회의 실행적인 표현이 될 수 있다.

우리가 여전히 교회의 터보다 교리에 관심한다면, 우리는 분파적이다. 우리가 순수하게 교회 안에 있다면, 다른 사람들이 어떤 실행이나 교리를 붙들고 있든 그들이 순수한 믿는 이들이고 그들의 교리나 실행이 죄에 속한 것, 우상숭배 하는 것, 분열적인 것이 아니라면 우리는 그들을 받아야 한다(롬 14:1-15:13). 모든 믿는 이들을 받는 것이 그리스도의 몸의 하나라는 터에 서 있는 교회의 특징이다(엡 4:3-4). 그러므로 다른 믿는 이들이 아무리 우리를 반대할지라도, 우리는 마음이 상해서는 안 된다. 오히려 그들이 우리의 형제이기 때문에 우리는 그들을 사랑해야 한다.

교회는 모든 것을 포함한다. 교회는 모든 참된 믿는 이들을 포함하며 어떤 교리나 실행을 주장하지 않는다. 어떤 믿는 이가 다른 언어로 말하는 것을 실행하는지 하지 않는지는 중요하지 않다. 중요한 것은 그 사람이 믿는 이라는 것이다. 오늘날 주 예수님은 모든 분열에 질리셨다. 주님은 그분의 증거를 지닌 한 무리의 사람을 얻고 싶어 하신다. 교회로서 우리는 우리의 영에서부터 하나님의 영의 빛을 비추어 내어 그리스도와 교회의 증거를 지녀야 한다. 이러한 증거를 지니기 위하여 우리는 매일 그분의 이름을 부르고 그분의 말씀 안에 있는 풍성을 받아들임으로, 그 영이신 그리스도로 충만하게 되어야 한다. 이것이 우리가 주님을 다시 모셔 오는 길이다.

4

신랑이신
주님의 다시 오심을
기다리기 위한
필수 조건과 자격

Requirements and Qualifications
for Awaiting the Lord's Return
as the Bridegroom

제4장

신랑이신 주님의 다시 오심을 기다리기 위한 필수 조건과 자격

성경: 요 3:29-30, 아 6:13, 마 9:15, 22:2-3, 계 19:7-9, 마 25:1, 5-6, 10

생명의 방식으로 성경을 앎

복음서에서 죽은 이들의 부활에 관하여 사두개인들이 주님과 논쟁할 때, 주 예수님은 '아브라함의 하나님, 이삭의 하나님, 야곱의 하나님'이라는 신성한 칭호를 언급하심으로 그들을 논박하셨다(마 22:32). 이 말씀을 하실 때 주님은 출애굽기 3장 6절을 인용하셨다. 기록된 문자에 따라 이 칭호를 생각할 때, 여기에는 생명이나 부활을 의미하는 것이 없다. 그렇지만 주 예수님은 문자뿐 아니라 그 안에 내포된 생명과 능력에 따라 이 칭호를 설명하셨다. 이 신성한 칭호에 근거하여 주님은 사두개인들에게 "하나님은 죽은 사람들의 하나님이 아니시라 산 사람들의 하나님이십니다."라고 말씀하셨다. 하나님은 산 사람들의 하나님이시고 '아브라함의 하나님, 이삭의 하나님, 야곱의 하나님'이시기 때문에, 죽은 아브라함과 이삭과 야곱은 부활하게 될 것이다. 주님은 이 칭호가 생명과 부활을 말하고 있음을 보여 주셨다. '아브라함의 하나님, 이삭의 하나님, 야곱의 하나님'이라는 칭호에는 부활이라는 살아 있는 요점이 있다.

말씀의 모든 부분에는 살아 있는 요점이 있다. 왜냐하면 하나님의 입에서 나오는 모든 말씀은 영적인 음식이기 때문이다(마 4:4, 렘 15:16). 사실상 이 말씀은 영이요 생명이다(요 6:63). 그러므로 우리는 말씀을 단지 문자에 따라 받아들여서는 안 된다. 모든 말씀에서 우리는 그 영과 생명에 관한 요점을 찾아야 한다. 단지 외적인 구성이나 종이 위의 문자에 따라 성경을 아는 것은 죽이는 방식으로 성경을 아는 것이다(고후 3:6). 그렇지만 우리에게 성경을 알려 주는 살아 있는 방식, 곧 생명을 주는 방식이 있다. 이 방식은 외적인 구성이 아니라 내적인 실재, 즉 생명을 주는 요점에 따라 말씀을 이해하는 것이다.

신부 — 신랑의 증가

요한복음 3장 29절과 30절은 "신부를 얻는 사람은 신랑이지만, 곁에서서 듣는 신랑의 친구도 신랑의 음성을 듣고 크게 기뻐합니다. 그러므로 나는 이런 기쁨이 충만합니다. 그분은 증가하셔야 하고, 나는 감소되어야 합니다."라고 말한다. 이 두 구절은 주님의 오심과 직접 관련되어 있지 않지만, 신랑과는 관련되어 있다. 우리는 주 예수님께서 신랑으로서 오신다는 것을 깨달아야 한다. 그분은 신부인 우리를 만나러 오신다. 따라서 주님의 오심에 대한 계시가 그분께서 신랑이시라는 것에 포함되어 있다.

요한복음 3장 29절과 30절에서 생명에 관한 중점은 '증가'라는 단어이다. 요한은 신랑은 증가하셔야 하고 자신은 감소되어야 한다고 말했다. 예수님의 증가는 생명의 문제이다. 많은 그리스도인들은 요한복음 3장이 거듭남을 다루고 있다는 것은 알고 있지만, 이 장에서 거듭남은 생명 안에서 그리스도의 증가를 위한 것임을 아는 그리스도인은 거의 없다. 우리를 그분의 생명으로 거듭나게 하신 하나님의 목적은 우리를 하늘에 가도록 하는 것이 아니다. 거듭남은 생명 안에서 신랑의 증가를 위한 것이다. 그리스도의 증가인 신부가 되기 위하여 우리에게 필요한 것은 하늘이 아니라 신성한 생명이다. 요한복음 3장은 두 부분으로 나누어진다. 첫 번째 부분은 거듭남에 관한 것이고, 두 번째 부분은 그리스도의 증가에 관한 것이다. 이것은 거듭남이 신랑이신 그리스도의 증가를 위한 것임을 증명한다.

하나님은 아담을 창조하신 후에 "사람이 혼자 있는 것이 좋지 않으니, 내가 그에게 도울 배필을 만들어 주겠다."(창 2:18)라고 말씀하셨다. 사람이 혼자 있는 것은 그에게 배우자, 동반자가 없다는 뜻이다. 창세기 2장 21절과 22절은 "여호와 하나님께서 그 사람을 깊은 잠에 빠지게 하시자, 그가 잠이 들었다. 하나님께서 그 사람의 갈빗대 하나를 빼내시고 그 자리를 살로 메우셨다. 여호와 하나님께서 그 사람에게서 빼내신 갈빗대로 여자를 건축하시고, 그 여자를 그에게 데려가셨다."라고 말한다. 이 구절에 따르면 하나님은 아담의 갈빗대로 여자를 건축하셔서 아담을 위한 배우자, 즉 신부가 되게 하셨다. 이러한 의미에서 신부는 신랑인 아담의 증가였다. 그러한 증가는 생명의 결과였다. 왜냐하면 신부로 건축된 뼈는 살아 있는 사람에게서 취한 것이었기 때문이다. 이것이 성경 특히 요한복음에 있는 증가의 개념이다. 요한의 복음서는 어느 날 하나님께서 주 예수님을 십자가에서 잠들게 하시고, 그분의 옆구리를 여셔서 그분의 증가인 그분의 신부를 산출하시기 위하여 피와 물을 쏟게 하셨음을 계시한다(요 19:34). 피는 구속을 위하여 흘러나왔고

(엡 1:7), 물은 신부를 산출하기 위하여 신성한 생명을 분배하려고 흘러나왔다.

주님의 다시 오심을 기다림

생명이신 그리스도가 신부의 일부가 되고 주님의 다시 오심을 기다리기 위한 첫 번째 자격임

신랑이 오시는 것과 우리가 그분의 다시 오심을 기다리는 것에 관하여 첫 번째로 요구되는 것은 생명이다. 생명이신 그리스도를 영접하지 않고는 사람은 그분의 오심을 기다릴 자격이 없다. 그리스도의 오심을 기다릴 수 있는 우리의 자격은 생명이다. 왜냐하면 그리스도의 생명이 우리를 그분의 신부로 만들기 때문이다. 그리스도를 우리의 생명으로 취하지 않으면, 우리는 결코 그분의 배필과 증가인 그분의 신부의 일부가 될 수 없다. 신랑이신 그리스도를 맞이하기 위하여 우리에게 필요한 것은 그리스도의 두 번째 오심에 관한 교리가 아니고 그리스도의 생명이다. 우리에게는 생명이신 그리스도가 필요하고, 이 생명이 항상 우리 안에서 자라는 것이 필요하다.

모든 참된 믿는 이들은 그리스도를 그들의 생명으로 가지고 있지만 (골 3:4), 많은 사람들이 그분을 단지 처음 단계의 생명으로 가지고 있다. 이 생명은 우리 안에서 증가되어야 하며, 이 생명의 증가는 생명의 성장이다. 아가(雅歌)는 주님의 연인이 체험하는 생명의 점진적인 성장과 변화를 묘사한다. 아가에서 추구하는 이는 파라오의 병거의 암말에서부터 백합화, 비둘기, 연기 기둥, 침상, 가마, 면류관, 그리고 그리스도의 모든 풍성한 방면을 산출하는 동산으로, 생명 안에서 단계적으로 변화된다(아 1:9, 2:1, 14, 3:6–7, 9, 11, 4:12, 5:1). 동산은 하나님의 거처인 성이 되는데, 그 성은 하나님을 향하여는 아름다우나 대적을 향하여는 깃발을 세운 군대같이 무섭다. 결국 그 성은 빛이 가득한 천체와 술람미가 된다(아 6:4, 10, 13).

술람미라는 단어는 '평안'을 의미하는 어근에서 나온 솔로몬의 여성형이다. 이 책에서 솔로몬은 그리스도의 예표이다. 술람미라는 이름을 사용한 것은 그리스도의 생명이 성숙함으로 그리스도의 연인이 그분의 복사판과 그분의 배필이 되었다는 것을 가리킨다. 다시 말하면 (신격에서는 아니지만) 생명과 본성과 표현과 기능에서 그분과 똑같이 되어 그분과 결혼하기 위해 그분께 어울리게 된다는 것이다(고후 3:18, 롬 8:29). 생명이신 그리스도께서 추구하는 연인 안에서 자라셔서, 그녀를 파라오의 병거를 끄는 암말에서부터 놀라운 술람미에 이르기까지 변화시키신다. 이러한 변화는 교리가 아니라 생명이신 그리스도의 성장과 증가에 의해서만 성취될 수 있다. 이것은 성장하고 증가하는 생명이 주님의 다시 오심을 위한 것임을 보여 준다.

그리스도를 신랑으로 아는 것은 그분을 왕이나 심판관으로 아는 것보다 더 친밀하고 개인적이다. 신랑이신 그리스도는 우리를 심판하기 위해서가 아니라 사랑하기 위해서 오시는 우리의 연인이시다. 그리스도는 그분의 신부를 얻기 위하여 신랑으로서 돌아오실 것이다. 우리가 본 바와 같이, 그리스도의 신부가 되는 것은 생명의 문제, 곧 생명이 성장하고 증가하는 것이다. 술람미처럼 성숙한 추구하는 이는 그리스도의 증가이다. 참된 솔로몬으로서 그리스도는 중국인이나 일본인이나 미국인 신부를 위해 오시는 것이 아니라 술람미를 위해 오실 것이다. 따라서 우리는 모두 그리스도의 증가, 그분의 재생산인 술람미로 변화되어야 한다. 변화는 순간적으로 일어나는 일이 아니라 점진적인 과정이다. 따라서 우리가 오늘은 술람미가 아닐지라도, 그 영의 변화시키는 일 아래에 있으면 단체적인 술람미가 될 것이다.

주님의 다시 오심을 기다릴 자격을 갖추기 위하여 우리에게는 생명이 필요한데, 여기에는 생명의 성장과 생명에 의한 변화와 생명의 성숙이 포함된다. 믿는 이들로서 우리에게는 생명이 있다. 그렇지만 이 생명은 항상 우리 안에서 증가되어야 한다.

사랑은 신부의 일부가 되고 주님의 다시 오심을 기다리기 위한 필수 조건임

사랑은 우리가 신부의 일부가 되고 주님의 다시 오심을 기다리기 위한 두 번째 필수 조건이다. 신랑과 신부를 언급할 때는 언제나 사랑이 내포되어 있다. 왜냐하면 신랑과 신부의 관계는 사랑의 문제이기 때문이다.

신랑이신 주 예수님은 우리에게 그분을 사랑할 것을 요구하신다는 점에서 특별하시다. 요한복음 21장에서 주님은 베드로에게 자신을 사랑하는지 세 번 질문하셨다(15-17절). 인류 역사상 어떤 철학자나 위대한 교사도 자기를 따르는 사람들에게 사랑을 요구한 적이 없다. 오직 주 예수님만이 우리의 사랑을 요구하실 수 있는데, 이는 그분께서 사랑스러우시고 우리의 사랑을 받을 자격이 충분하시기 때문이다. 주 예수님은 사랑스러운 분이시기 때문에 우리의 사랑을 요구하실 특별한 위치를 갖고 계신다. 어떤 의미에서는 우리가 주님께 사랑을 받든 못 받든 우리는 그분을 사랑해야 한다. 왜냐하면 그분은 우리의 사랑을 받을 자격이 있으시기 때문이다. 많은 여자들이 다이아몬드를 사랑하지만, 다이아몬드는 그들을 사랑하지도, 사랑할 수도 없다. 그들은 다이아몬드가 그들의 눈에 사랑스럽기 때문에 다이아몬드를 사랑한다. 그들이 다이아몬드를 사랑하는 것은 다이아몬드가 얼마나 그들을 사랑할 수 있는가에 달려 있지 않고, 다이아몬드가 얼마나 사랑스러운가에 달려 있다. 주 예수님은 온전히 사랑스러우시기 때문에 일단 그분을 보면 우리는 그분을 사랑하지 않을 수 없다.

나는 예수님에 대한 영적인 계시를 받지 않고서도 그분과 사랑에 빠진 사람을 거의 본 적이 없고, 하나님의 계시를 통하여 예수님을 보았으면서도 그분과 사랑에 빠지지 않은 사람을 결코 본 적이 없다. 주 예수님은 온전히 사랑스러우시다. 일단 그분을 보기만 하면 우리는 그분께 사로잡히고 그분에 의해 파선된다. 그분의 사랑스러움은 많은 유명한 사람들을 파선시켰는데, 그들이 파선된 것은 허비가 아니라 오히려 구원이다. 오늘날 우리는 공자나 플라톤을 기다리지 않는다. 우리는 사랑스러우신 주 예수님을 기다리고 있다. 그분은 우리의 신랑이시고 우리는 그분의 신부이다.

주님의 다시 오심을 기다리는 것은 생명의 문제만이 아니라 사랑의 문제이기도 하다. 우리는 그분의 생명을 가져야 하고 그분을 사랑해야 한다. 주님에 대한 우리의 사랑은 일상생활에서 우리를 강권하며 많은 부정적인 것들에서 우리를 구원한다(고후 5:14). 예수님을 사랑하기 때문에 우리는 어떤 세상적인 활동에 참여하는 데 관심이 없다. 우리에게는 그분이 그러한 활동보다 훨씬 더 낫다. 그리스도인의 생활은 경건이나 교정이나 외적인 규제의 생활이 아니다. 그리스도인의 생활은 사랑의 생활이다. 따라서 우리는 "주 예수님, 당신을 사랑합니다. 또 당신의 나타나심을 사랑합니다!"라고 선포해야 한다. 우리는 모두 예수님을 '미치게 사랑하는 사람들'이 되어야 한다.

주님을 누리는 것이
주님의 다시 오심을 기다리기 위한 자격임

마태복음 22장 2절과 3절은 "천국은 마치 자기 아들을 위하여 결혼 잔치를 베푼 어떤 왕과 같습니다. 왕이 자기 노예들을 보내어, 결혼 잔치에 초대받은 사람들을 불렀으나"라고 말한다. 신약의 믿는 이들은 신학교나 성경 연구 모임이나 하늘이 아니라 결혼 잔치에 초대받았다. 잔치는 주로 누림을 위한 것이다. 잔치, 특히 결혼 잔치에 참석한 사람은 누구나 진수성찬을 먹고 누리기 위하여 참석한다. 주 예수님의 다시 오심을 기다리는 생활은 항상 그분을 누리는 생활이다. 다시 말하면, 기다리는 생활은 누리는 생활이다. 진정한 의미에서 예수님의 다시 오심을 기다릴수록 우리는 그분을 더 누릴 것이다. 주님을 누리는 것이 우리에게 그분의 다시 오심을 기다릴 수 있는 자격을 주는 세 번째 중점이다.

전통적인 기독교 안에 있을 때, 나는 주님을 누리는 것에 관한 메시지를 들어 본 적이 없다. 그 대신 금식에 관한 설교를 많이 들었다. 그렇지만 오늘날 우리는 각 지방에 있는 교회들 안에서 주님을 잔치로 누린다(고전 5:8, 계 3:20). 마태복음 9장에서 요한의 몇몇 제자들이 금식의 문제에 관하여 주님께 따지러 왔을 때, 그분은 "신랑의 친구들이 신랑과 함께 있는 동안 슬퍼할 수 있습니까? 그러나 그들이 신랑을 빼앗길 날들이 올 것인데, 그때에는 금식할 것입니다."(15절)라고 대답하셨다. 우리는 여러 코스 요리가 있는 결혼 잔치에 초대받았는데, 이 잔치의 각각의 코스 요리는 예수님의 한 부분이다. 각 지방에 있는 교회들 안에서 날마다 우리는 그리스도를 누리는 법을 배우고 있다.

순수하게 주님의 다시 오심을 기다린다면, 우리는 그분을 누리는 법을 배워야 한다. 우리는 어떤 교리적인 가르침 때문에 괴로워하지 말아야 한다. 교리적인 지식은 우리가 주님을 누리는 것을 좌절시킨다. 우리는 모든 죽은 가르침을 제쳐 놓아야 한다. 과거에 많은 사랑스러운 그리스도인들이 교회생활에 들어왔으나, 집회에서 일어나는 어떤 일들이 그들의 교리적인 지식과 일치하지 않았을 때 좌절했다. 우리가 합당하게 주님의 다시 오심을 기다리기 위해서는 그분을 누려야 한다. 우리는 누리는 사람들, 곧 온종일 주 예수님을 누리는 사람들이 되어야 한다. 주님의 오심을 기다리는 동안, 우리에게는 생명이신 주님이 필요하며 또한 그분을 사랑하고 그분을 누리는 것이 필요하다.

주님의 오심을 기다리면서 즐거워하고 크게 기뻐함

요한계시록 19장 7절은 "우리가 기뻐하고 크게 기뻐하며 그분께 영광을 돌립시다. 왜냐하면 어린양의 결혼 날이 다가왔고, 그분의 아내도 자신을 준비하였기 때문입니다."라고 말한다. 주님의 오심에 관한 네 번째 중점은 기뻐하는 것이다. 주님의 다시 오심을 기다리는 주님의 모든 연인들은 기뻐해야 한다. 눈물을 흘리며 신랑을 기다리는 신부는 없다. 신랑이 오시는 것을 기다릴 때 우리는 즐거워하고 크게 기뻐해야 한다.

우리 집회에 참석한 사람들은 어느 누구도 죽은 사람처럼 조용히 앉아 있어서는 안 된다. 오히려 우리의 집회는 즐거움으로 가득해야 한다. 모든 성도들이 자유롭게 즐거워하며, 그들의 영을 해방하고, 주님에 대한 사랑을 표현하는 분위기가 있어야 한다. 각 지방에 있는 교회들의 집회에 참석하기 시작한 많은 새로운 사람들이 집회에서 할렐루야를 외치고 그들의 영을 해방함으로 변화를 체험했다. 수 년 동안 그들은 좌석에 조용히 앉아서 설교를 들었다. 그 결과 그리스도에 대한 체험과 누림은 거의 없었다. 그렇지만 주님을 향하여 할렐루야를 외치도록 도움을 받았을 때, 그들은 큰 변화를 체험했다. 함께 모일 때, 우리는 참석한 모든 사람이 엄숙하고 조용한 장례식에 오는 것이 아니다. 우리는 모든 참석자가 즐거워하고 기뻐하는 결혼 잔치에 오는 것이다. 우리는 사랑스러운 신랑이신 예수님을 기다리고 있다. 그러므로 우리는 즐거워한다.

하나는 주님의 오심을 기다리는 합당한 위치와 조건임

생명, 사랑, 누림, 그리고 즐거워함뿐 아니라 우리에게는 하나가 필요하다. 믿는 이들은 그들 각자의 신랑을 기다리는 개인적인 신부들이 아니다. 모든 믿는 이들은 유일한 신랑을 기다리는 유일한 신부이다. 전통적인 기독교 안에는 하나가 없다. 기독교의 분열 가운데서 주님은 그분의 백성들을 하나라는 터로 돌아오게 하심으로 그들을 하나로 만들고 계신다. 기독교 안에 있는 각종 분열은 배타적이지만, 합당한 터 위에 있는 각 지방에 있는 교회들은 모든 것을 포함한다. 지금 각 지방에 있는 교회들에서 모이는 많은 사람들이 과거에는 분열되었었지만, 각 지방에 있는 교회들 안으로 들어왔을 때 그들은 하나가 되었다. 그들은 진정한 하나 안으로 들어왔다. 어떤 사람들은 각 지방에 있는 교회들 안에 있는 우리가 배타적이고 편협하고 분열적이라는 풍문을 퍼뜨리지만, 우리가 분열적이지 않고 분열되지도 않았다는 사실은 그대로 남아 있다. 오히려 그리스도의 몸의 진정한 하나 안에서 우리는 하나이다. 믿는 이들이 실행하는 것이 죄에 속하지 않고, 분열적이지 않으며, 우상과 연관되어 있지 않다면, 우리는 모든 믿는 이들을 받는다. 우리는 단지 많은 교회 중 하나의 교회가 아니다. 달이 하나이듯이 교회도 하나이다. 우리가 거주하는 지방에서 우리는 하나님의 유일한 교회로서 서 있다.

우리는 주님의 회복 안에 있다. 오늘날 주님께서 회복하시는 일은 우리를 많은 일에서 그분 자신께로 돌이키게 하는 것이다. 주님은 우리를 분열과 혼돈에서 진정한 하나로 회복시키려고 하신다. 순수하게 주님을 사랑하고 그분의 오심을 갈망한다면, 우리는 하나가 되어야 하고 하나를 주의해야 한다(엡 4:3). 그리스도는 한 분이시고 그분의 몸도 하나이다(4절). 각 지방에 있는 교회들은 한 분 그리스도와 그분의 유일한 몸을 위해 있다. 분열 안에 있다면, 우리는 적절한 위치에 있는 것이 아니며 주님의 오심을 기다릴 합당한 자격도 없다. 그분의 다시 오심을 기다리는 예수님의 연인이라면, 우리는 어떤 교파, 분열, 혼돈, 또는 분파에서 나와서 예수님을 사랑하는 다른 모든 사람들과 하나가 되어야 한다. 진정한 하나는 우리가 주님의 다시 오심을 기다리기 위한 합당한 위치와 충분한 자격이다. 우리는 개인적이 아니라 단체적으로 그분의 다시 오심을 기다리고 있다.

조만간 주님은 온 세상을 쓰시면서, 그분을 사랑하고 그분의 오심을 기다리는 그분의 연인들과 그분을 추구하는 이들을 모으실 것이다. 앞에 언급한 모든 요인들—생명, 사랑, 누림, 즐거워함, 그리고 하나—은 우리가 주님의 다시 오심을 기다리기 위한 필수 조건과 자격이다. 우리에게는 생명이신 그리스도가 필요하며, 그분을 사랑해야 하고, 그분을 누리며, 그분 안에서 즐거워하고, 그분 안에서 하나가 되어야 한다. 그럴 때에만 우리는 그분의 다시 오심을 기다리기 위한 합당한 위치와 자격을 갖추게 된다.

5

주님의
두 번째 오심을 위한
주님의 상

The Lord's Table for
His Second Coming

제5장

주님의 두 번째 오심을 위한 주님의 상

성경: 마 26:26-29, 고전 11:23-26

주님의 상의 상징

주님의 상의 상징은 아주 단순하다. 상 위에는 오직 떡과 잔이 있다. 우리가 주님의 상에 참여하는 것도 간단하다. 떡을 먹고 잔을 마심으로 주님을 기념하는 것이다. 상은 주 예수님께서 세우신 것이므로, 그 의미가 분명 심오할 것이다. 그래서 주님의 상의 실재 안으로 들어가는 것은 어렵다.

주님은 배반당하여 십자가에 달리시기 직전에 그분의 상을 세우셨다(마 26:26-29, 막 14:22-25, 눅 22:19-20). 후에 주님은 주님의 상의 실행을 사도 바울에게 전해 주셨고, 바울은 고린도 교회에게 주님의 상의 정의를 재조명하였다(고전 11:23-26). 주님의 상의 실행은 주님을 추구하는 많은 사람들 사이에 보편적인 것이다. 그렇지만 어떤 사람들은 그 실재를 알지 못한 채 주님의 상에 참여할 것이다. 젊었을 때, 나는 주 예수님을 기념하는 것은 주님께서 누구신지, 주님께서 어떤 일을 하셨는지, 주님께서 우리에게 어떤 분이신지를 회상하는 것이라고 배웠다. 따라서 소위 성찬식에 참여했을 때, 나는 주님에 관하여 배운 것들을 회상하려고 최선을 다해 생각을 사용했다. 이러한 실행은 주님의 상의 실재가 아니다.

주님의 목적은 자신을 생명으로 사람 안에 나누어 주시는 것임

상의 실재는 주님의 목적과 관련되어 있는데, 그것은 그분 자신을 생명으로 우리 안에 나누어 주시는 것이다. 주님은 그분의 말씀에서 그분 자신을 생명의 씨에 비유하셨다. 이 씨가 우리 안에 뿌려진 것은 우리 안에서 자라서 주님 자신께 속한 무언가를 열매로 산출하기 위한 것이다. 예수님은 생명의 씨이시다. 그분은 우리 안에 자신을 씨로 뿌리셨으며, 우리의 내적 존재인 마음은 그분이 자라시는 흙이다(마 13:3-23, 막 4:3-20).

주님은 땅에 뿌려진 씨로서 십자가에 못 박히시고 장사되심으로써 그분의 목적을 성취하심

주님은 단지 가르침으로써가 아니라, 십자가로 가셔서 땅에 심어진 씨로서 못 박히시고 장사되심으로써 그분의 목적을 성취하셨다. 씨가 성장하기 위해서는 먼저 땅에 뿌려져 죽어야 한다. 씨가 더 많이 죽을수록 그 안에 있는 생명은 자랄 기회가 더 많아진다. 생명의 씨이신 그분 자신에 관하여 주님은 "한 알의 밀이 땅에 떨어져 죽지 않으면 한 알 그대로 남아 있지만, 죽으면 많은 열매를 맺습니다."(요 12:24)라고 말씀하셨다.

십자가의 두 방면

그리스도의 십자가에는 두 방면이 있다. 한 방면은 예수 그리스도께서 구속을 성취하시기 위하여 하나님의 심판 아래 십자가 위에서 죽으신 것이다(갈 3:13, 딛 2:14, 벧전 2:24, 3:18, 히 9:12). 다른 방면은 생명의 씨이신 예수 그리스도께서 땅에 뿌려져 장사되시기 위하여 십자가로 가신 것이다. 그것은 생명이신 그분께서 부활 안에서 일어나 생명 주시는 영이 되시기 위한 것이다(고전 15:45). 부활을 통하여 그 영이 되심으로 주님은 그분을 부르는 모든 사람 안으로 들어가실 수 있다. 한 면에서 그리스도는 십자가에서 죽으심으로 구속을 성취하셨고, 다른 면에서는 죽음을 통하여 해방되시어 생명 주시는 영이 되심으로, 자원하여 그분을 부르는 모든 사람들이 그분을 영접할 수 있도록 하셨다. 오늘날 사람이 "오, 주 예수님!"이라고 부를 때, 생명 주시는 영이신 주님은 그 사람 안으로 들어가신다(롬 10:12-13).

다마스쿠스로 가는 길에서, 예수님의 큰 반대자이고 박해자인 다소 사람 사울은 알지도 못한 채 그분을 불렀다. 그는 "주님, 누구십니까?"(행 9:5)라고 물었다. "주님"이라고 말했을 때, 그는 주님께 사로잡혔다. 후에 바울이 된 다소 사람 사울이 주님의 이름을 불렀을 때, 주 예수님께서 그에게 들어오셨다. 그 순간부터, 바울이 예수님께서 떠나기를 원했을지라도 그것은 너무 늦은 것이었다. 일단 예수님께서 우리 안에 들어오시면 그분은 결코 떠나지 않으신다. 우리가 그분을 영접한 것을 후회할지라도 그분은 우리 안에 들어오신 것을 결코 후회하지 않으신다. 이런 의미에서 다소 사람 사울은 그에게 들어오신 분에 의해 사로잡힌 것이다.

주님의 상의 중요성 — 생명이신 그리스도를 영접하고 이 그리스도에 의해 삶으로써 그분의 다시 오심을 위해 성숙에 이르도록 자람

주님을 기념하기 위하여 주님의 상에 올 때, 우리는 떡을 먹고 잔을 마신다. 먹고 마시는 것은 전에 우리 밖에 있던 요소를 우리 안으로 받아들이는 것이다. 주님의 상에서 떡을 먹고 잔을 마시는 것은 주 예수님을 우리 안으로 받아들이는 것을 상징한다. 이것이 주님의 상의 깊은 의미이다. 그러므로 주님의 상에 참여할 때, 우리는 다만 생각으로만 주님이 누구이셨고, 무엇을 하셨으며, 과거에 우리에게 어떤 분이셨는가를 회상하지 말아야 한다. 오히려 우리는 우리의 영을 사용하여 그분을 받아들여야 한다. 고린도전서 11장에서 주님의 상의 정의를 재조명할 때, 사도 바울은 믿는 이들이 떡을 먹고 잔을 마심으로 주님을 기념하는 데 이르러야 한다고 말한다(23-25절). 이것은 우리가 주님을 먹고 마심으로 그분을 기념해야 한다는 것을 가리킨다.

주님의 상은 우리의 일상생활이 예수님을 먹고 마시는 생활이라는 것을 온 우주에 선포하고 증언하는 것이다. 그리스도인의 생활은 배우는 생활이 아니라, 매일 예수님을 안으로 받아들이는 생활이다. 날마다, 아침저녁으로 우리는 예수님을 받아들인다. 그러면 주님의 상을 위하여 모일 때마다, 우리는 마귀와 귀신들과 천사들과 온 우주에, 우리의 일상생활이 우리 자신의 개선이나 선행의 결과가 아니라 그리스도를 받아들인 결과라는 것을 선포하게 된다. 우리는 그리스도를 먹고 마심으로 그분을 받아들이고, 온 우주에 우리가 그분을 먹고 마심으로 산다고 선포한다(요 6:57).

어머니는 아이를 가르침으로가 아니라 먹임으로 자라도록 돕는다. 매일 예수님을 먹고 마심으로 우리는 예수님께서 우리 안에서 자라시는 것을 체험한다(골 2:19). 자람으로 성숙에 이른다. 그렇지만 성숙하려면 시간이 걸린다. 어머니가 매일 아이를 먹이고 매년 아이가 성장하는 것을 관찰할지라도, 아이가 성숙에 도달하려면 열여덟 살이 넘어야 한다. 먼저 낳는 것이 있고, 다음으로는 성장하도록 먹이는 것이 있으며, 마지막에는 성숙이 있다. 이것은 영적인 것들의 그림자이다. 먼저 우리의 영 안에서 하나님으로부터 태어나는 거듭남이 있다(요 1:12-13, 3:6, 벧전 1:23). 그날부터 우리는 신성한 생명 안에서 자라기 위하여 주 예수님을 먹기 시작한다. 이러한 주님 안에서의 계속적인 성장을 통하여 조만간 우리는 성숙에 도달할 것이다. 많은 사람들이 거듭났고, 몇몇 사람들은 생명 안에서 성장하고 있지만, 생명 안에서 성숙했다고 말할 수 있는 사람은 거의 없다. 오늘날 우리는 성숙에 이르도록 자라는 과정에 있다.

주 예수님은 상을 세우셨을 때, 아버지의 왕국에서 모든 이기는 믿는 이들과 함께 새것을 마시는 그날까지 포도나무에서 난 것을 마시지 않겠다고 제자들에게 말씀하셨다(마 26:29). 주 예수님은 충분한 수의 믿는 이들이 성숙할 때 돌아오실 것이다. 오늘날 많은 믿는 이들은 아직도 그리스도 안에서 어린 아기들이라는 면에서 고린도의 성도들과 비슷하다(고전 3:1). 그러한 상황 때문에 교회생활에서 '기저귀를 갈아 주는 일'이 많이 필요하다. 그럼에도 불구하고 교회 안에서 인도하는 사람들은 기쁘게 기저귀를 갈아 주는 일을 한다. 왜냐하면 그러한 일을 통해 그들은 영적인 자녀들의 성장을 도울 수 있기 때문이다. 이러한 성장의 결과로 어느 날 모든 성도들은 성숙하게 될 것이다.

고린도전서 11장 26절은 "여러분이 이 떡을 먹고 이 잔을 마실 때마다, 주님의 죽음을 그분께서 오실 때까지 선포하는 것입니다."라고 말한다. 이 구절에 따르면, 우리는 주님의 상에 참여할 때마다 주님의 죽음을 보여 주고 선포한다. 다시 말하면, 떡을 먹고 잔을 마실 때 우리는 그리스도께서 오실 때까지 그분의 죽음을 전시한다. 우리가 성숙하지 않았기 때문에 주님께서 돌아오지 않으셨다. 우리는 아직도 추수할 준비가 되지 않은 푸른 밀과 같다. 따라서 지금 주님께서 하실 수 있는 일은 다만 우리를 먹이시고 물 주시며 '비료'를 뿌려 주시는 것이다. 우리가 추수할 준비가 된 황금색 밀처럼 될 때까지 주님은 이 일을 하실 것이다. 바로 그때 주 예수님은 돌아오셔서 그분의 수확물을 추수하실 것이다(계 14:1-5, 14-16).

일찍 성숙에 이르도록 자람으로 주님의 다시 오심을 재촉함

우리가 주님의 다시 오심에 관한 교리를 아는 것으로는 주님의 오심을 재촉하지 못한다. 주님의 오심은 우리의 성장과 성숙을 필요로 한다. 영적으로 성숙하지 않다면, 우리는 주님의 오심을 지연시킬 것이다. 제때 익지 않은 곡식은 농부가 추수하는 것을 지연시킬 것이지만, 일찍 익은 곡식은 추수를 재촉할 것이다. 마찬가지로 우리가 신성한 생명 안에서 빨리 성숙할수록 우리는 주님의 추수를 더 재촉한다. 우리는 모두 예수님을 먹음으로 성장해야 한다. 그분을 더 먹고 더 성장할수록 우리는 그분의 다시 오심을 더 재촉한다. 단지 "주 예수님, 어서 오십시오."라고 선포하는 것만으로는 충분하지 않다.

우리가 그렇게 선포할 때, 주 예수님은 “먹고 자라서 빨리 성숙하여라. 네가 성숙하지 않으면 나는 돌아올 수 없다.”라고 대답하실 것이다. 곡식이 익을 때까지 농부가 추수를 할 수 없는 것처럼, 상당히 많은 믿는 이들이 성숙할 때까지 주 예수님은 돌아오시지 않을 것이다. 그러므로 우리는 계속해서 주님을 먹어야 한다.

진정한 교회생활은 주님의 다시 오심을 재촉하는 생활임

주님의 다시 오심을 재촉하기 위하여 우리에게 필요한 것은 종교가 아니라 음식이다. 기독교는 종교이지만, 예수님은 순수한 음식이시다(요 6:35, 41, 51, 55-57). 우리에게 필요한 것은 참음식이신 그리스도이다. 주님의 상에 올 때마다, 우리는 공부하기 위하여 책상에 오는 것이 아니라 식사하러 식탁에 오는 것이다. 교회는 단지 학교가 아니다. 교회는 또한 식당이다. 우리는 너무나 오랫동안 전통적인 기독교의 ‘교실’에 있었다. 우리는 많은 교리를 배웠지만 음식으로 채워지지 않았다. 참된 교회생활 안에서 우리에게는 건강한 가르침뿐 아니라 식당도 있어야 한다. 우리는 먹고 만족할 뿐 아니라 다른 사람들에게 줄 음식도 있다. 우리는 한 끼를 먹기 위하여 집회에 참석할지 모르나, 세 끼에 충분한 음식을 가지고 떠난다. 이것이 교회생활이며, 주님의 다시 오심을 재촉하는 생활이다. 교회 안에서 우리는 성숙하여 주님을 다시 모셔 오기 위해 먹고 자라고 있다. 우리는 헛된 방식으로 그분의 다시 오심을 기다리는 것이 아니다. 오히려 우리는 주 예수님께서 속히 돌아오실 수 있도록, 먹고 더 빨리 성장하기를 갈망한다. 주님의 상 집회 때마다 우리는 주 예수님께서 다시 오시도록 우리가 먹고 자라서 성숙해야 한다는 것을 기억해야 한다. 오늘날 우리의 책임은 주님께서 속히 돌아오시도록 자라서 성숙하는 것이다.

6

주님께서
곡식을 거두는
농부로서 다시 오심

The Lord's Return
as a Reaping Farmer

제6장

주님께서 곡식을 거두는 농부로서 다시 오심

성경: 마 13:3, 18-30, 계 14:1-4, 14-16,
출 23:19상, 레 23:22

주님의 다시 오심의 여러 방면

도둑

이전 장에서 우리는 주님의 다시 오심의 몇 가지 방면을 다루었다. 우리는 먼저 주님께서 가치 없는 물건을 훔치는 것이 아니라 가장 가치 있고 매력적인 보물을 취하려는 도둑으로서 다시 오실 것임을 보았다(마 24:43). 주님께서 다시 오시는 것을 도둑이 오는 것으로 묘사한 것은 바울의 글(살전 5:2)과 베드로의 글(벧후 3:10)과 요한의 글(계 3:3)에서도 볼 수 있다. 주님께서 소중한 것을 훔치는 도둑으로서 다시 오실 것이기 때문에, 우리는 가치 없는 진흙에서 보석으로 변화되어야 한다(고전 3:12, 계 21:11, 19). 우리의 타고난 조성에 따르면 우리는 소중하지 않다. 우리는 가치 없는 진흙 덩어리이다(고후 4:7). 우리가 타고난 상태

그대로 있고 변화되지 않는다면 주 예수님께서 도둑으로 오실 때 우리를 훔쳐 가지 않으실 것임을 깨달아야 한다.

신랑

둘째로, 우리는 주님께서 신랑으로서 다시 오실 것임을 보았다(계 19:7-9). 도둑은 소중한 보물을 훔치려고 오는 반면에, 신랑은 신부를 위하여 온다. 우리의 신랑이신 그리스도를 기다릴 수 있는 자격을 갖추려면, 우리는 생명이 자라고, 그분을 사랑하며, 그분을 누리고, 그분 안에서 즐거워하며, 하나를 지켜야 한다. 교회를 반대하고 비난하며 해를 입히는 사람은 신부에게 해를 입히는 것이다. 더욱이 의견을 달리하고 성도들 사이에 분열을 일으키는 사람들은 누구라도 신부의 일부가 될 수 없다(롬 16:17, 딛 3:10). 우리가 신부의 일부가 되기를 진정으로 갈망한다면, 우리는 생명이 성장하고 주님에 대한 사랑이 증가해야 한다. 우리는 또한 그분을 누리고, 그분 안에서 즐거워하며, 하나를 지켜야 한다. 그리스도의 신부는 유일하게 하나이므로, 하나보다 더 중요한 것은 없다.

농부

셋째로, 주님은 추수하기 위해 곡식을 거두는 농부로 돌아오실 것이다(계 14:1-5, 14-16). 마태복음 13장에서 주님은 나가서 씨를 뿌리는 사람의 비유를 드셨다(3-23절). 이 비유의 중요한 항목들에는 씨를 뿌리는 사람, 씨, 흙, 씨의 성장, 씨의 산출 혹은 수확이 포함된다. 성경에는 추수의 두 가지 중요한 방면, 곧 첫 열매와 대다수의 곡식이 있다. 추수의 첫 번째 방면인 첫 열매는 먼저 익은 곡식 부분을 가리킨다. 추수의 두 번째 방면은 대다수의 곡식인데 그것은 나중에 익는다. 구약에서 먼저 익은 곡식, 즉 첫 열매는 추수해서 창고나 이스라엘 사람들의 집으로 가져가지 않고, 하나님의 집인 성전으로 가져갔다(출 23:19상). 첫 열매는 농부를 위한 것이 아니라 하나님 자신을 위한 것이다. 따라서 첫 열매는 하나님의 집으로 가져갔다.

주님께서 두 단계에서 추수하심

많은 그리스도인들이 휴거에 대하여 논쟁하기를 좋아한다. 그들은 휴거가 대환난 전에 일어날 것인지, 대환난 후에 일어날 것인지, 대환난 중에 일어날 것인지에 대해 논쟁한다(마 24:21). 수 년 전에 우리는 휴거에 관한 여러 학파가 쓴 책들을 연구했다. 마침내 우리는 순수한 말씀으로부터 휴거가 추수에 비유된다는 계시를 받았다. 모든 믿는 이들은 하나님의 경작지에서 자라는 하나님의 곡식들이다(고전 3:9). 어느 날 농부이신 하나님께서 그분의 수확물인 우리를 거두러 오실 것이다.

존 넬슨 다비를 포함한 형제회의 위대한 교사들 중 많은 사람들이 휴거를 한 번만 일어나는 일로 생각했다. 그들은 주 예수님께서 대환난 전에 모든 그리스도인들을 휴거시키기 위해 오실 것이라고 믿었다. 많은 그리스도인들이 대환난 전 휴거라는 이 단순한 가르침을 받아들였다. 그러나 성경은 주님의 추수가 그렇게 단순하지 않음을 계시한다. 요한계시록 14장에는 먼저 첫 열매의 추수가 있고(1-5절), 그다음에 대다수의 곡식을 거두어들이는 것이 있다(14-16절).

우리가 지적한 바와 같이, 구약의 예표에 따르면 첫 열매는 곧장 하나님의 집으로 가져간다. 그렇지만 마태복음 13장에 따르면 대다수의 추수한 곡식은 곳간으로 가져간다(30절, 비교 마 3:12). 집과 곳간은 두 개의 다른 곳이다. 농부의 곳간은 집과 밭 사이에 있는 곳이다. 이 원칙에 따르면 집은 하나님의 성전이다. 농장 즉 밭은 땅이다. 그러므로 곳간은 공중이다. 요한계시록 14장 1절은 첫 열매가 휴거되어 하늘의 시온산에서 주님과 함께 있음을 보여 주고, 14절은 대다수의 곡식을 거두어들일 때 주 예수님께서 땅 위의 공중에서 흰 구름 위에 앉아 계심을 계시한다. 이것은 마지막 나팔 소리에 살아남아 있는 믿는 이들이 휴거되어 구름 속으로 이끌려 올라가 공중에서 주님을 만나게 될 것이라고 말하는 데살로니가전서 4장 17절과 일치한다. 이것은 곳간이 공중이며 하늘의 하나님의 집이 아님을 보여 준다.

농부이신 주님은 시온산에 있는 그분의 집으로 첫 열매들을 거두어들임으로써 추수를 시작하실 것이다. 첫 열매를 거두신 후에, 그분은 곳간 즉 공중으로 일반적인 곡식들을 거두어들이실 것이다. 첫 열매는 주님의 만족을 위한 것이며, 일반적인 추수는 일반적인 목적을 위한 것이다. 우리는 주님의 농작물이고, 주님께서 첫 열매를 수확하기 시작하실 때가 올 것이다. 그리고 추수가 진행될 것이다. 조만간 주님의 모든 곡식들이 그분의 임재 안으로 이끌릴 것이다.

요한계시록 14장에 따르면, 주 예수님께서 흰 구름 위에 앉으시기 전에 첫 열매인 성도들과 함께 시온산 위에 서 계실 것이다. 주님께서 시온산에 계시고, 첫 열매들은 그분의 임재 안에서 그곳에 휴거되어 주님과 함께 있을 것이다. 첫 열매의 휴거는 주님의 파루시아, 즉 그분의 임재 혹은 그분의 오심의 시작이다. 첫 열매는 대다수의 곡식보다 먼저 휴거되어, 그분께서 시온산에 계시는 동안 주님의 임재 안으로 이끌릴 것이다. 대다수의 추수한 곡식들은 주님께서 구름 위에 앉아 계시는 동안 그분의 임재 안으로 이끌릴 것이다. 이것이 요한계시록 14장의 그림이다. 이러한 이해는 휴거에 관한 우리의 여러 가지 관념과 맞지 않을지라도, 거룩한 말씀의 분명한 계시이다.

우리는 주님의 추수 가운데 어떤 부분—첫 열매나 대다수의 추수—에 들어가고 싶은지 주님 앞에서 고려해야 한다. 우리는 모두 첫 열매가 되기를 더 좋아하겠지만, 주님의 수확은 우리의 선호가 아니라 우리가 어떠한 사람인가에 따른 것이다. 만일 우리가 주님을 열심히 추구하고, 그분을 부지런히 찾으며, 그분의 변화시키는 일 아래에 있다면, 나는 주님께서 우리를 첫 열매의 일부로 만드실 것이라고 믿는다.

믿는 이들의 성장과 주님의 추수

주님의 다시 오심을 기다린다면, 우리는 반드시 우리의 성장을 깊이 생각해야 한다. 어떤 밭에서든지 변두리에서 자라는 곡식은 보호 장치가 없다. 더욱이 세상의 왕래가 있는 곳인 길가에 가깝다(마 13:4). 변두리는 길에 가깝지만 밭에 속한 중립 지대이다. 그러한 중립 지대에서 자라는 사람들은 어느 정도는 교회를 위하지만 또한 세상도 위한다.

모든 믿는 이들이 하나님의 밭에서 자라고 있지만, 어떤 사람들은 밭의 한가운데서 자라고 있는 반면에, 다른 사람들은 밭의 가장자리나 모퉁이에서 자라고 있다. 밭의 가장자리나 모퉁이에서 자라는 곡식은 일찍 익을 것 같지 않다. 대부분의 첫 열매는 밭의 한가운데, 즉 중심에서 나온다. 어떤 의미에서 중요한 것은 우리가 주님의 파루시아로 이끌릴 것인가 아닌가가 아니라, '언제' 우리가 그분의 파루시아로 이끌릴 것인가—첫 열매로 처음 부분에 이끌려 갈 것인가 대다수의 추수로 끝부분에 이끌려 갈 것인가—이다. 우리는 주님께서 믿는 이들을 추수하시는 것을 교리로 여기지 말아야 한다. 그보다는 그것을 심각한 경고로 여겨야 한다.

첫 열매는 대환난 전에 주님에 의해 휴거되어 올라갈 것이다. 그들이 시온산에 올라간 후에, 대환난이 시작될 것이다. 이것은 요한계시록 14장 6절부터 13절까지의 기록을 통해 알 수 있다. 대환난은 밭에 남은 작물이 익을 수 있도록 하는 강한 햇볕에 비유될 수 있다. 대환난 동안에 믿는 이들이 받게 될 박해와 고난은 햇볕과 같이 믿는 이들을 익도록 도울 것이다.

우리는 구원은 은혜의 문제이지만(엡 2:8), 주님의 파루시아로 이끌리는 것은 성숙의 문제라는 것을 깨달아야 한다. 모든 믿는 이들은 구원을 위한 은혜를 받았다. 그러나 주님의 파루시아로 이끌리기 위해서는 성숙해야 한다. 성숙하는 것이 오래 걸릴수록 땅에 더 오래 머물 것이고 더 많이 고통을 받을 것이다. 주님의 임재로 휴거되는 시간은 우리의 성숙의 속도에 달려 있다.

우리는 휴거에 관하여 과거에 받은 모든 관념과 가르침을 제쳐 두고 순수한 말씀으로 돌아가야 한다. 하나님의 곡식의 일부이긴 하지만 우리의 성숙의 속도는 어떠한가? 성숙은 운이 좋은가의 문제가 아니라 성장의 문제이다. 빨리 성장하면 더 일찍 성숙하여 첫 열매의 일부로 거두어져, 곧장 하늘에 있는 하나님의 집으로 가게 될 것이다. 그렇지 않으면 나중에 추수의 일부로 수확되어 공중에 있는 곳간으로 가게 될 것이다.

다시 말하지만 우리는 주님의 다시 오심에 관한 문제를 단지 가르침으로 여기지 말아야 한다. 각 지방에 있는 교회들 안에는 외적인 규율이 없지만, 성숙에 이를 때까지 합당한 속도로 생명이 성장해야 한다. 우리는 성장 속도에 관심해야 한다. 주님의 다시 오심을 기다리지만 우리의 성장 속도는 어떠한가? 주님께서 추수하러 오실 때, 우리는 그분께서 우리를 첫 열매의 일부로 생각하셔서 곧장 그분의 집으로 데려가실지, 아니면 밭에 남겨 두셔서 대환난의 고통을 통해 익게 하실지 깊이 생각해야 한다. 주님께서 성도들을 휴거시키시는 것은 그들의 성장의 정도에 달려 있으며, 성도들의 성장 속도는 사람마다 다르다. 어떤 사람들은 모든 믿는 이들이 하나님의 은혜 가운데 있다고 생각할 것이다. 이것은 사실이다. 그렇지만 그것이 우리가 신성한 생명 안에서 성장하는 속도에 관심해야 할 필요를 없애지는 않는다. 생명의 성장 속도에 적절하게 관심한다면, 우리는 주님의 다시 오심을 재촉할 것이다. 한 면에서 어떤 농부도 곡식이 익었을 때 밭에 두지 않을 것이다. 마찬가지로 주님께서도 믿는 이들이 성숙했을 때 하나님의 곡식을 거두는 일을 지체하지 않으실 것이다. 반면에 곡식이 아직 푸른데도 수확하는 농부는 없을 것이다. 마찬가지로 주 예수님께서도 우리가 성숙하지 않는다면 돌아오지 않으실 것이다.

좋은 땅에 있고 주 예수님을 따름으로
빨리 성장하여 주 예수님의 다시 오심을 재촉함

우리의 성장이 빨라지는 것은 주님의 다시 오심을 재촉할 것이다. 자라는 것이 농부가 곡식을 빨리 추수하게 하는 유일한 길이다. 우리는 빨리 자라고 자라야 한다. 첫 번째 수확한 곡식인 첫 열매의 범주에 있기 위하여 우리는 생명의 성장의 경주를 해야 한다.

성장의 속도를 증가시키는 비결은 마태복음 13장과 요한계시록 14장에 계시되어 있다. 마태복음 13장에 의하면 합당하고 빠르게 성장하기 위해서는 길가에 있어서는 안 된다(4절). 그뿐만 아니라 우리는 돌밭이나 가시덤불 밭에 있어서도 안 된다(5, 7절). 길가는 빈번한 왕래로 단단해진 땅인 반면에, 돌밭은 부드럽지만 표면 아래에 돌이 가득한 흙이 얕은 땅이다. 돌은 감추어진 죄들, 개인적인 욕망, 자아 추구, 자기 연민이며, 이것들은 마음속에 깊이 숨어 있어서 씨가 마음 깊은 곳에 뿌리를 내리지 못하도록 방해한다. 가시덤불 밭은 가시덤불이 가득한데, 이것은 세상의 염려와 재물의 속임수를 상징한다(22절). 가시덤불은 씨의 성장을 숨 막히게 한다. 우리는 길가나 돌밭이나 가시덤불 밭에 있지 말고 좋은 땅에 있어야 한다(8절).

요한계시록 14장은 첫 열매가 "어린양께서 어디로 가시든지 그분을 따라가는 사람들"(4절)임을 보여 준다. 좋은 땅에 있는 것과 주 예수님께서 어디로 가시든지 그분을 따르는 것이 성장의 속도를 증가시키는 비결이다. 우리는 감추어진 좌절시키는 것들, 현시대의 염려, 재물의 속임수를 처리함으로 우리의 마음에서부터 모든 돌과 가시덤불을 제거해야 한다. 또한 주 예수님께서 어디로 가시든지 따라가야 한다. 이것이 성장의 속도를 증가시키는 방법이다. 나는 우리가 이 길을 취한다면 분명히 첫 열매의 일부가 될 것이라고 확신한다. 첫 열매는 일찍 익어 농부이신 그리스도를 밭에 오시게끔 하는 요인이 되기 때문에 주님의 다시 오심을 재촉하는 것이다. 이런 의미에서 얼마나 빨리 주 예수님께서 돌아오시는지는 그분께 달린 것이 아니라 우리에게 달려 있다. 특히 그것은 우리의 성장 속도에 달려 있다.

주님의 다시 오심과 관련하여, 주님은 갑자기 오실 것이다(막 13:36). 그러나 성장과 관련하여 우리는 점차적으로 매일, 매시간 자라야 한다. 우리는 계속 자라야 한다. 성장이 조금이라도 늦어지면 주님의 오심을 지연시킬 것이다. 주님께서 즉시 돌아오실 것인지, 얼마 후에 오실 것인지는 우리의 생명이 성장하는 속도에 달려 있다. 농부가 곡식을 거두기를 갈망하는 것처럼 주님도 그분의 곡식을 거두기를 갈망하신다. 그러나 주님의 밭은 아직도 익지 않은 곡식으로 푸르다. 우리는 "주 예수님,

어서 오십시오."라고 기도할지 모르나, 그분은 "아이야, 나는 준비되어 있지만, 너는 성장에 있어서 더디고, 나를 따름에 있어서 느리다. 너는 너의 마음에 있는 돌들과 나의 성장을 숨 막히게 하는 가시들을 처리해야 한다."라고 말씀하실 것이다.

단지 주님의 다시 오심에 관한 예언과 휴거에 대한 가르침을 연구하는 것은 별 의미가 없다. 우리 모두가 관심해야 하는 것은 바로 성숙에 이르도록 자라는 것이다. 이 때문에 우리는 수 년 동안 이 생명의 문제와 생명의 성장을 강조해 왔다. 그 여러 해 동안, 나는 주님의 다시 오심에 관한 교리들을 잘 알고 있었지만 그러한 교리들을 말할 부담이 없었다. 최근에 나는 주님의 오심을 그분의 백성들에게 말하라는 주님의 부담을 받았다. 그렇지만 이 부담은 교리를 가르칠 목적을 위한 것이 아니라, 그분의 다시 오심을 재촉하도록 생명의 성장 속도를 증가시키기 위한 것이다. 우리는 모두 주님 앞에 나아가 주님과 철저하게 교통하며 기도해야 한다. "주님, 제 마음에 있는 모든 돌들을 보여 주시고 그것들을 파내십시오. 오, 주님, 모든 가시들을 제하십시오. 당신이 제 안에서 성장하는 것을 숨 막히게 하는 것은 어떤 것이든 뽑아내십시오."

더욱이 우리는 끝까지 주님을 따라야 한다. 우리는 그분께서 어디로 가시든지 따라가야 하며 모든 일에서 그분과 하나가 되어야 한다. 이것이 어린양을 따르는 이들이 된다는 뜻이다. 어린양을 따를 때, 우리는 생명의 성장의 속도를 증가시킴으로 주님의 오심을 재촉하는 첫 열매가 된다. 우리는 밭에서 성장하고 있다. 우리는 결코 밭의 가장자리, 즉 길가에 있어서는 안 된다. 도리어 밭의 중심에 있어야 한다. 주님은 그분의 백성들의 나태함으로 인하여 다시 오심을 미루셨다. 오늘날 각 지방에 있는 교회들 안에 있는 우리는 생명의 성장 속도를 증가시킴으로 그분의 다시 오심을 재촉해야 한다. 우리는 모두 "주 예수님, 당신의 긍휼과 은혜로 저를 더 빨리 성장하게 하셔서 당신의 다시 오실 날을 재촉하게 하십시오."라고 기도해야 한다.

7
주님께서 재판장으로서 다시 오심

The Lord's Return as the Judge

제7장

주님께서 재판장으로서 다시 오심

성경: 행 17:31, 요 5:22, 27, 고전 3:13-15,
딤후 4:1, 8, 마 16:27, 고전 4:3-5,
고후 5:9-10, 계 22:12

주님의 다시 오심에 관한 것들을 알기 위해서는 그분의 다시 오심의 모든 방면들을 보아야 한다. 주 예수님은 모든 것을 포함하신 분이시며, 그분께서 다시 오실 동안에도 여전히 모든 것을 포함하신 분이실 것이다. 우리는 이전 장들에서 주님께서 도둑과 신랑과 농부로서 돌아오실 것임을 보았다(마 24:43, 계 19:7-9, 14:1-5, 14-16). 주 예수님은 훔치는 도둑으로서, 가치 없는 것들이 아니라 보물을 훔치러 몰래 다시 오실 것이다. 그분은 또한 신부를 맞이하기 위하여 신랑으로서 다시 오실 것이다. 이런 의미에서 그분은 모든 사람이 아닌 그 유일한 사람, 즉 신부를 위하여 다시 오실 것이다. 또한 주님은 두 단계로 그분의 곡식을 거두기 위하여 수확하는 농부로 돌아오실 것이다. 첫째로, 그분은 첫 열매를 하나님의 집으로 거두어들이실 것이다. 그다음에, 곳간으로 나머지 수확물을 거두어들이실 것이다. 이 계시에 따르면 우리는 첫 열매의 일부가 될 것인지 나머지 수확물이 될 것인지 깊이 생각해야 한다. 주님께서 우리를 첫 열매로 만드시도록 우리는 최선을 다해 그분께 협력해야 한다.

주님은 다시 오실 때 위의 세 가지 방면에 더하여, 재판장과 결국에는 왕으로서 다시 오실 것이다. 왕으로서 그리스도는 온 세상에 그분의 왕국을 세우시고 다스리실 것이다(단 2:34-35, 44-45, 계 11:15, 19:6). 그리스도의 오심에 관한 이 모든 방면들이 성경에 계시되어 있다.

이 장에서 우리는 그리스도께서 재판장으로서 돌아오시는 방면을 다루겠다. 오늘날 주 예수님은 구주이시지만, 다시 오실 때는 재판장이실 것이다. 주님을 우리의 구주로 영접하지 않는다면, 우리는 그분을 재판장으로 만나게 될 것이다.

두 가지 큰 날 —
은혜의 날과 심판의 날

하나님은 그분의 안배하심에 따라 두 가지 큰 날, 곧 은혜의 날과 심판의 날을 정하셨다. 오늘날은 은혜의 날임에 반하여, 심판의 날은 장래에 올 것이다. 은혜의 날 동안에는 그리스도께서 구주로 임명되셨지만, 심판의 날 동안에 그리스도는 재판장으로 임명되신다. 하나님은 그리스도를 죽음에서 일으키셔서 구주와 재판장으로 삼으셨다. 사도행전 5장 31절은 "이 예수님을 하나님께서 하나님의 오른편에 높이 올리시어 영도자와 구주가 되게 하셨는데, 이것은 이스라엘이 회개하고 죄들이 용서받도록 하기 위한 것입니다."라고 말한다. 그리스도의 부활과 승천은 하나님께서 그분을 구주로 삼으셨다는 것을 입증한다. 다시 말해서 하나님께서 그리스도를 일으키시고 높이 올리신 이유는, 하나님께서 그리스도의 부활과 승천을 통하여 그분을 구주로 임명하셨기 때문이다.

더욱이 그리스도의 부활은 하나님께서 그리스도께서 나타나실 때 그분을 모든 산 사람들과 죽은 사람들의 재판장으로 세우셨음을 확증한다. 사도행전 17장 31절은 "왜냐하면 하나님께서 지명하신 사람을 통하여 의로 세상을 심판하실 날을 정하시고, 그분을 죽은 사람들 가운데서 살리심으로, 모든 사람에게 믿을 만한 증거를 주셨기 때문입니다."라고 말한다. 또한 요한복음 5장 22절에서 주님은 "아버지께서 아무도 심판하지 않으시고 심판하는 일을 모두 아들에게 맡기셨는데"라고 말씀하셨다. 아들이 사람의 아들이시기 때문에, 아버지는 모든 심판하시는 일을 아들에게 맡기셨다(요 5:27). 사람, 즉 사람의 아들이신 그리스도는 인성을 갖고 계시기 때문에 사람들을 심판할 자격을 갖추셨다. 육체 되심을 통해 사람이 되심으로, 그리스도는 인류를 심판할 권위를 가지는 자격을 갖추셨다.

오늘날 이 땅 위에 많은 사람들이 하나님이 계시지 않는다는 태도를 가지고 있다. 군사력을 가진 정부와 법을 집행하는 경찰력이 없다면, 많은 사람들은 자기들이 하고 싶은 대로 할 것이다. 사실상 곳곳에 권위를 가진 이러한 사람들이 있을지라도, 사람들은 여전히 하나님을 무시하고 자기들의 눈에 옳은 대로 행한다. 그렇지만 이것이 하나님께서 계시지 않는다는 것을 의미하는 것은 아니다. 오히려 이것은 하나님께서 은혜로 참으시는 것을 보여 준다. 오늘날 하나님은 사람들에게 회개할 기회를 주시고 그리스도인들에게 성장할 시간을 주시기 위해 사람의 악행을 참으시는 것이다. 주 예수님께서 이 순간에 돌아오시면 그것은 큰 비극일 것이다. 왜냐하면 그분을 맞이할 준비가 된 믿는 이들이 거의 없고, 많은 사람들이 불신 때문에 멸망할 것이기 때문이다. 이 때문에 주님은 많은 불신자들이 그분께 나아와 회개하게 하시기 위해, 많은 믿는 이들이 자라서 성숙에 이르게 하시기 위해, 사람에 대하여 오래 참고 계신다(벧후 3:9). 하나님의 은혜와 오래 참으심은 하나님께서 계시지 않는다거나 하나님께서 개입하셔서 인류를 심판하지 않으실 것을 의미하는 것이 아니다. 어느 날 주님은 구원을 베풀기 위해서가 아니라 모든 사람들에게 심판을 집행하시기 위해 돌아오실 것이다(마 25:31-46).

하나님의 심판은 그분의 집에서 시작됨

성경에 따르면 오직 세 가지 종류의 사람들, 곧 그리스도인과 유대인과 이방인이 있다. 고린도전서 10장 32절은 "유대인에게나 헬라인에게나 하나님의 교회에게 걸림돌이 되지 말고"라고 말한다. 이 구절에서 하나님의 교회는 그리스도인들을 말하고, 유대인은 모든 유대인들을, 헬라인은 모든 이방인들을 말한다. 우리 믿는 이들은 하나님의 심판이 하나님의 집에서부터 시작된다는 것을 깨달아야 한다(벧전 4:17). 그리스도께서 다시 오실 때, 그분께서 심판하실 첫 번째 무리의 사람들은 믿지 않는 이방인들이나 유대인들이 아니라 그리스도인들일 것이다. 우리는 하나님의 집이고(딤전 3:15, 히 3:6), 하나님의 집은 하나님의 심판이 시작될 곳이다. 이것은 주님께서 다시 오실 때 먼저 우리에게 하나님의 심판을 집행하실 것이라는 뜻이다.

구원, 보상 그리고 벌

많은 사람들이 주 예수님을 믿을 때 구원을 받고 영원히 안전하다고 말하는 복음을 영접했다. 이 복음은 옳기는 하지만 완전하지 않다. 유감스럽게도 오늘날 전통적인 기독교 안에서 전파되는 복음은 부분적인 복음이다. 칼뱅주의 학파에 있는 사람들이 전하는 복음은, 일단 사람이 주 예수님을 믿으면 그가 무엇을 하든 그의 구원은 영원히 안전하다고 말한다. 그 복음은 영원 전에 미리 정해진 사람들은 일단 예수님을 믿으면 영원히 안전하다고 주장한다. 그러나 이러한 사상이 옳지만 완전하지는 않다. 성경은 더 깊은 것을 전달한다. 즉 주님을 영접한 후에 우리는 인간 윤리와 도덕이 아니라, 하나님의 뜻에 따라 합당한 그리스도인의 생활을 해야 한다(마 7:21). 하나님의 뜻에 따라 산다면 우리는 보상을 받을 것이다. 우리가 구원받은 후에 하나님의 뜻에 따라 살지 않는다면, 비록 우리의 구원은 잃지 않겠지만, 보상을 잃어버릴 것이다(마 7:23). 칼뱅주의자들의 반대편 극단에는 아르미니우스 학파가 있는데, 그들은 구원받은 후에 하나님의 뜻에 따라 살지 않는 사람은 구원을 잃게 될 것이라고 말한다. 이 두 학파는 구원의 문제에 관하여 두 극단적인 입장을 취한다. 둘 다 부정확한 것이다.

고린도전서 3장 12절과 13절은 "누구든지 이 기초 위에 금이나 은이나 보석이나 나무나 풀이나 짚으로 건축하면, 그날에 각 사람의 일이 나타나게 될 것입니다. 그날이 그 일을 밝혀 줄 것입니다. 왜냐하면 그 일이 불로 말미암아 드러나게 되기 때문입니다. 이 불이 각 사람의 일이 어떠한 종류의 것인지를 검증해 줄 것입니다."라고 말한다. 이 구절은 우리의 믿음에 관하여 말하는 것이 아니다. 왜냐하면 우리는 믿음을 통하여 은혜로 말미암아 구원받기 때문이다(엡 2:8). 그보다는 우리가 구원받은 후 우리의 일에 관하여 말하고 있다. 이 구절은 우리 그리스도인의 일이 그날에 밝혀질 것이라고 말한다. 고린도전서 3장 13절의 '그날'은 긍휼의 날이 아니라 심판의 날을 말한다. 심판의 날에 우리의 일은 하나님의 은혜가 아니라 불에 의해 드러나게 될 것이다. 오늘날은 긍휼과 은혜의 날이지만, 우리의 일이 불로 검증되는 날이 올 것이다. 14절은 계속해서 "그 기초 위에 건축한 일이 남아 있는 사람은 보상을 받을 것이고"라고 말한다. 여기에서 그리스도인의 일은 구원을 받는 것이 아니라 보상을 받는 것과 관련된다. 유감스럽게도 주님께서 오실 때의 보상에 관한 메시지를 들은 그리스도인들이 거의 없다.

고린도전서 3장 15절은 "그 일이 불타 버린 사람은 손실을 입게 될 것입니다. 그러나 그 사람 자신은 구원을 받지만, 불을 통과하여 받는 것과 같을 것입니다."라고 말한다. 여기에서 그 일이 불타 버린 사람은 영원히 손실을 입는 것은 아니다. 그보다는, 손실을 입지만 그 자신은 구원을 받을 것이다. 이 구절에 따르면, 구원은 추가된 항목인 보상이나 손실을 입음과 함께 온다. 15절에서 그 일이 불타 버린 사람도 '구원을 받을' 것이기 때문에, 어떤 사람들은 구원을 잃지 않기만 한다면 만족할 수 있다고 생각할지도 모른다. 그렇지만 이 구절은 또한 그가 "불을 통과하여 (구원)받는 것과 같을 것입니다."라고 말한다. 우리는 고린도전서 3장 13절부터 15절까지의 말씀이 천주교에서 전하는 연옥과 관계가 없다는 것에 분명해야 한다. 천주교는 이 부분의 말씀을 잘못 사용하여 연옥을 전하는데, 그곳은 죄가 너무 많아서 즉시 천당으로 갈 수 없는 믿는 이들이 정화되는 일시적인 장소라고 한다. 그러한 가르침은 성경에서 가르치는 것과 완전히 다르다.

성경은 주 예수님을 믿을 때 우리가 의롭게 되고, 죄들이 용서받게 되며, 하나님과 화목하게 되어, 그리스도를 우리의 생명으로 영접한다는 것을 계시한다(행 13:38-39, 롬 3:24, 5:10, 골 3:4). 그렇지만 구원받은 후, 하나님의 자녀들이고 그리스도의 지체들인 우리는 그리스도에 의해 살고, 하나님의 뜻을 성취하기 위해 그분을 살아 내야 한다. 즉 우리는 그리스도의 몸의 건축을 위하여 합당하게 살고 일해야 한다. 그리하여 우리가 하는 모든 일이 금과 은과 보석으로 여겨져서 심판의 불을 견딜 수 있어야 한다. 그렇지 않으면 우리가 하는 모든 일이 나무나 풀이나 짚으로 여겨져 불타 버릴 것이다.

우리의 생활과 주님을 위한 일이 그분에 의해 금과 은과 보석으로 여겨지면, 그분은 우리가 이미 얻은 영원한 구원에 더하여 보상을 주실 것이다. 그렇지만 우리의 생활과 일이 나무와 풀과 짚을 산출하면, 구원이 영원하기 때문에 우리는 구원을 잃지는 않겠지만(요 3:16, 히 5:9) 보상은 잃게 될 것이다. 이것은 우리가 손실을 입게 될 것이고, 불을 통과하여 구원을 얻게 될 것이라는 뜻이다. 고린도전서 3장 13절부터 15절까지의 말씀은 모든 믿는 이들에게 하나의 경고이다. 이 부분의 말씀은 불신자가 아니라 믿는 이들에게 하신 말씀이다.

우리는 모두 열 처녀에 관한 마태복음 25장 1절부터 13절까지와, 하늘에 속한 은사를 맛보고 성령을 함께 소유했지만 떨어져 나가고 뒤로 물러난 믿는 이들에 관한 히브리서 6장 4절부터 6절까지와 같은 말씀에 의해 경고를 받아야 한다. 칼뱅주의자들은 이 부분의 말씀과 그들의 가르침을 조화시킬 수 없다. 스코필드의 통신 교육 강좌와 주석 성경은 마태복음 25장에 나오는 어리석은 다섯 처녀가 구원받지 못한 사람들이라고 말한다. 스코필드는 그 처녀들이 거짓 믿는 이들이라고 주장한다. 그는 또 히브리서 6장에 언급된 하늘에 속한 은사를 맛보고 성령을 함께 소유한 후에 떨어져 나간 믿는 이들이 거짓 믿는 이들이라고 말한다. 그렇지만 이 두 무리는 사실은 구원받은 사람들이며, 그들은 구원은 결코 잃지 않지만 왕국 보상을 잃는 손실은 겪을 것이다.

하나님의 구원과 하나님의 심판

신실하지 않은 믿는 이들이 겪게 될 손실은 그분의 자녀들에 대한 하나님의 심판의 일부이다. 우리는 우리가 주 예수님을 영접하면 하나님의 모든 심판에서 면제받게 될 것이라고 결코 생각하지 말아야 한다. 그러한 관념은 잘못된 것이다. 요한계시록 20장에서 크고 흰 보좌에서 행해질 불신자들에 대한 하나님의 심판에 더하여, 그리스도의 심판대에서 행해질 그리스도 안의 믿는 이들에 대한 심판도 있을 것이다(고후 5:10, 롬 14:10). 천년왕국 후에 일어날 크고 흰 보좌의 심판은 천년왕국 전에 수행될 그리스도의 심판대에서 행해지는 심판과는 다르다. 크고 흰 보좌에서 행해질 불신자에 대한 심판은 영원한 구원과 관련될 것이다. 그렇지만 그리스도께서 다시 오실 때 그분의 심판대에서 믿는 이들을 심판하시는 것은 영원한 구원이 아니라 보상을 받을지, 벌을 받을지에 관한 것이다.

우리가 이방인이든 유대인이든 그리스도인이든, 우리가 하는 모든 일은 하늘에 기록된다(계 20:12, 고후 5:10). 하나님께서 우리가 하는 일에 관심하시지 않을 것이라고 결코 생각하지 말아야 한다. 그분은 불신자들과 믿는 이들 모두의 일들을 기록하고 계신다. 사람이 경찰에 붙잡히지 않고 은행을 털 수 있을지라도, 그의 그런 행동은 하나님을 피해 갈 수 없다. 그는 하나님께서 그런 행동에 관심하지 않으실 것이라고 생각할지도 모른다. 그렇지만 어느 날 그는 하나님께서 관심하고 계신 것을 알게 될 것이다. 그날 주 예수님께서 그의 행동에 관하여 그와 대면하셔서 그를 심판하실 것이다. 우리가 어떤 범주의 사람이든 하나님께서는 우리가 하는 모든 일을 심판하실 것이다.

그리스도의 심판대의 빛 가운데서 행함

나는 젊은 그리스도인이었을 때 그리스도의 심판대에 관한 진리로부터 많은 도움을 받았다. 그래서 나는 항상 사람들에게 우리가 그리스도의 심판대의 빛 가운데서 그리스도인의 행위를 가져야 한다고 말했다. 우리가 배우자에게 부적절하게 대하거나 형제들을 모욕적으로 대하면, 주 예수님께서 다시 오실 때 우리의 악행을 드러내실 것이고 그에 따른 벌로 우리를 징계하실 것이다. 이것은 우리가 그리스도의 심판대의 빛 가운데서 처신해야 함을 보여 준다.

디모데후서 4장 1절에서 바울은 디모데에게 "내가 하나님 앞에서, 또 산 사람들과 죽은 사람들을 심판하실 그리스도 예수님 앞에서, 그분께서 나타나시는 것과 그분의 왕국을 두고 그대에게 엄숙히 명령합니다."라고 편지를 썼다. 바울은 이렇게 말하는 것 같다. "디모데여, 나는 그대에게 부주의한 생활을 하지 말 것을 모든 사람을 심판하실 주님의 나타나심으로 명령합니다. 그릇되게 처신하지 마십시오. 오늘날 아무도 그대를 심판하지 않을지라도 주 예수님께서 나타나실 때에 그분은 그대를 심판하실 것입니다." 오늘날 사람의 심판은 아무것도 아니다. 고린도전서 4장 3절부터 5절까지에서 바울은 "그러나 내가 여러분에게 판단을 받든지, 사람의 날에 판단을 받든지, 나에게는 아주 작은 일입니다. 나도 나 자신을 판단하지 않습니다. 나는 나 자신이 틀렸다고 느끼지 않지만, 이것으로 내가 의롭게 되는 것은 아닙니다. 나를 판단하시는 분은 주님이십니다. 그러므로 때가 이르기 전, 곧 주님께서 오실 때까지 아무것도 판단하지 마십시오. 그분께서 어둠에 감추어진 것들을 밝혀내시고 마음의 의도들을 나타내실 것이니, 그때에 각 사람은 하나님께 칭찬을 받을 것입니다."라고 말했다. 이렇게 말함으로써 바울은 고린도 성도들에게 자신이 주님의 나타나심의 빛 가운데서, 즉 그리스도의 심판대의 빛 가운데서 처신하고 모든 행동을 수행하였음을 증언했다.

오늘날 쌍방이 참된 상황을 알지 못한 채, 서로에게 거짓말하고 속일지도 모른다. 그렇지만 주님은 모든 감추어진 것들을 아시며, 그분께서 나타나실 때 모든 것들을 빛 가운데 이끌어 마음의 의도를 드러내실 것이다. 이것이 그분의 심판의 특징일 것이다. 우리는 주님의 오심에 관하여 먹고 자라고 성숙하는 방면이 있다는 것을 보아야 한다. 우리는 또 경고의 방면도 있다는 것을 보아야 한다. 심판의 문제는 경고의 방면과 관련되어 있다. 한 면에서 우리는 생명이 자라고 성숙하기 위하여 예수님을 먹어야 하고, 다른 면에서는 다가올 그분의 심판대에서의 심판에 관하여 경고를 받아야 한다.

심판에 관한 경고는 주로 하나님의 뜻에 따라 합당하게 그리스도인의 생활을 하는 것과 관련된다. 우리는 그러한 생활을 해야 한다. 그렇지 않으면 그리스도의 심판대 앞에 설 때 우리는 손실을 입게 될 것이다. 불신자들은 그리스도의 심판대 앞에 설 지위도 자격도 없다. 그러나 모든 믿는 이들은 그리스도의 심판대에서 그분 앞에 서야 한다. 이 때문에 바울은 고린도후서 5장 9절과 10절에서 "그러므로 우리는 몸을 입고 살든지 몸을 떠나서 살든지 주님을 기쁘시게 해 드리려는 큰 뜻을 품고 있습니다. 왜냐하면 우리 모두가 반드시 그리스도의 심판대 앞에 나타나, 각 사람이 선이든 악이든 자기 몸으로 행한 것에 따라 그대로 대갚음을 받기 때문입니다."라고 선언한다. 우리는 모두 그리스도의 심판대에서 온전히 의롭다 함을 얻고 그분을 기쁘시게 해 드리겠다는 결심을 해야 한다.

어떤 사람들은 교회생활 가운데 자기들이 좋아하는 대로 행할 수 있다고 생각하고 그리스도의 심판대에 관한 진리를 거슬러 논쟁할 것이다. 그렇지만 주님께서 나타나셔서 그분의 심판대를 세우시고, 모든 믿는 이들을 판단하여 그들의 행위에 따라 보상이나 벌을 주실 때, 모든 논쟁은 끝날 것이다. 내가 다시 말하지만, 우리는 생명이 자라기 위하여 주님을 먹어야 하지만, 또한 우리의 관념이나 취향이 아니라 주님의 갈망과 뜻에 따라 살아야 한다. 그리스도께서 나타나실 때, 그분만이 모든 사람, 즉 유대인과 이방인과 그리스도인의 재판장이 되실 것이다.

주님의 다시 오심을 기다릴 때, 우리는 우리의 생활과 행위가 마지막 불의 시험을 통과할 것인지 아닌지를 생각해야 한다. 이러한 의미에서 주님의 나타나심을 사모한다고 말할 때, 우리는 주님께서 신속히 오시는 것이 우리에 대한 그분의 심판을 집행하는 것임을 반드시 깨달아야 한다. 나는 우리가 주님 앞에서 기도하며 이것을 깨달았다면 생활에 주의를 기울일 것이라고 믿는다. 우리는 계속해서 그리스도의 '심판하시는' 영에 의해 언젠가 우리가 그리스도의 마지막 심판을 통과해야 할 것임을 상기할 것이다. 그 결과 우리는 느슨하게 다른 사람을 비평하지 않을 것이고, 쇼핑과 같은 외관상 작은 일을 대할 때에도 그리스도의 심판대에 의해 지시를 받을 것이다.

오늘날은 은혜와 긍휼의 날이지만, 우리 모두에게 심판의 날이 올 것이라는 경고를 받아야 한다. 우리는 그리스도를 보고 그분의 심판대 앞에 서게 될 것이다. 바울은 "우리 모두가 반드시 그리스도의 심판대 앞에 나타나"(고후 5:10)라고 선언했다. 따라서 우리가 진심으로 주님의 다시 오심을 기다린다면, 그리스도의 심판대에서 그분 앞에 설 준비가 되어 있는지 아닌지 고려해 보아야 한다. 그렇게 고려하면 우리의 참된 상황이 드러날 것이고, "오, 주 예수님, 저에게 긍휼을 베풀어 주십시오."라고 기도할 것이다. 금과 은과 보석인 소중한 재료들로 그리스도의 몸을 건축하시려는 하나님의 유일한 뜻에 따라 살기 위해서는 우리에게 긍휼이 필요하다. 이렇게 살 때에만 우리는 순수하게 "주 예수님, 어서 오십시오! 저는 당신을 사랑하고 당신의 나타나심을 사모합니다!"라고 말할 수 있다.

우리는 이 경고의 말씀을 받아야 하지만, 그 말씀에 의해 불안해하지 말아야 한다. 은혜의 시대에 경고의 말씀을 받음으로, 우리는 주님을 기쁘시게 하도록 우리의 현재 상태로부터 진보할 기회를 얻게 된다. 우리 모두가 주님의 심판대에서 그분을 기쁘시게 하겠다는 결심을 하기 바란다.

8

주님의 다시 오심과 관련하여 유대인들에 대한 예언들

Prophecies concerning the Lord's Return
Related to the Jews

제8장

주님의 다시 오심과 관련하여 유대인들에 대한 예언들

성경: 단 9:25-27, 마 24:14-15, 살후 2:1-4

1925년에 내가 구원받았을 때, 많은 그리스도인 저술가들이 주님의 다시 오심에 대한 예언과 관련된 글을 썼다. 그러므로 나는 예언에 관한 많은 글들을 읽을 수 있었다. 나아가, 나는 다니엘서 9장 25절부터 27절까지에 있는 칠십 이레에 관해 많이 말한 형제회 교사 몇 명을 만났다. 그 기간에 나는 다니엘서 9장에 있는 칠십 이레의 마지막 이레에 관해 백 개가 넘는 메시지를 들었다. 오늘날 나는 주님의 다시 오심에 관한 예언에 유대인들과 관련된 세 가지 중점이 있다는 것을 말할 수 있다. 첫째는 이스라엘 국가가 복원되는 것이고, 둘째는 예루살렘시가 유대인들에게 반환되는 것이며, 셋째는 하나님의 성전이 예루살렘에 있는 원래의 터에 재건되는 것이다.

이스라엘 국가의 복원

이스라엘과 관련된 예언 중 어떤 것이 성취되기 전에, 나는 많은 연구를 하면서 어떻게 이스라엘 국가가 복원될 수 있을지 궁금했었다. 유대인들은 이십오 세기 이상 전 세계에 흩어져 있었고, 그들 중 많은 사람들이 다른 나라에 귀화한 국민들이 되었다. 게다가 그들은 여러 세기 동안 그들의 조국을 다른 나라들에 의해 잃어버렸다. 내가 아는 바에 의하면 이스라엘 국가가 복원될 가능성은 거의 없었고, 예루살렘시가 유대인들에게 반환되거나 성전이 재건될 가능성은 더더욱 없었다.

그러나 이스라엘과 관련된 문제들을 연구한 지 이십삼 년이 지난 후인 1948년에 상하이에서 주님을 위해 일하고 있었을 때, 나는 이스라엘 국가가 복원되었고 이 복원된 국가가 국제 연합(UN)의 승인을 받았다는 소식을 신문에서 읽었다. 나는 그 기사를 읽었을 때 큰 인상을 받았다. 인간적인 관념으로 세계사를 볼 때, 이스라엘 국가가 복원될 가능성은 없었다. 그것은 불가능한 것 중에 불가능한 것이었다. 그러나 주님은 적은 수의 유대인들을 일으키시어, 그들이 조국으로 돌아가 그 땅을 차지하고 거기에 나라를 다시 세우게 하실 수 있었다.

예루살렘이 유대인들에게 반환됨

1948년에 이스라엘 국가가 복원된 후에 나는 예루살렘시가 유대인들에게 반환되는 것을 보기를 간절히 바랐다. 예루살렘은 주후 70년에 로마 장군 티투스가 파괴한 후로 잃어버린 바 되었다. 그때부터 예루살렘은 다시는 유대 사람들에게 반환되지 않았었다. 그러나 1967년에 내가 병원에서 수술을 받고 있던 어느 날 아침에, 예루살렘이 육일 전쟁 후에 유대인들에게 반환되었다는 소식이 들려왔다. 나는 이 소식을 들었을 때 열광했다. 나에게는 또 하나의 불가능이 실재가 된 것이다.

성전의 재건

오늘날 이스라엘과 관련해서 우리는 오직 한 가지, 곧 하나님의 성전이 예루살렘에 재건되는 것을 기다리고 있다. 나는 이스라엘과 주님의 다시 오심에 관한 예언을 연구하기 시작했을 때, 성전 부지를 회교 사원이 차지하고 있다고 들었다. 그러나 내가 예루살렘을 방문할 수 있었던 1958년에 나는 성전의 정확한 위치에 관해서 아직도 논쟁이 이어지고 있고, 옛 성전의 부지가 점령되지 않았을 가능성도 있다는 말을 들었다.

원래의 성전은 아브라함이 이삭을 바쳤던 곳이자 다윗이 하나님께 제물을 드렸던 곳인 모리아산에 건축되었다(창 22:2, 대하 3:1). 현재 성전 산에는 두 번째 성전의 뜰을 둘러싼 벽의 일부였던, 유명한 통곡의 벽이 있다. 주후 70년에 성전은 티투스에 의해 완전히 파괴되었다. 그러나 성전의 뜰을 둘러싼 서쪽 방향의 벽의 일부는 남아 있었다. 후에 많은 애국적인 정통 유대인들이 그 벽으로 가서 그들의 나라의 복원과 하나님의 성전의 재건을 위해 울었다. 그래서 그 벽은 통곡의 벽이라 불렸다.

마태복음 24장 14절과 15절은 이렇게 말한다. "이 왕국 복음이 온 세상에 전파되어 모든 민족에게 증거가 될 것이며, 그때에야 끝이 올 것입니다. 그러므로 신언자 다니엘을 통해 말씀하신, '황폐하게 하는 가증한 것'이 거룩한 곳에 서 있는 것을 보거든". 주님은 모리아산과 가까운 올리브산에서 이 예언을 말씀하셨다. 15절에 있는 '그러므로'라는 말은, 끝이 올 때 다니엘서 9장 27절에서 말한 바 황폐하게 하는 가증한 것이 성전 안의 거룩한 곳에 세워지는 것을 우리가 볼 것임을 가리킨다. 주님께서 이 말씀을 하신 지 삼십 년이 조금 지나서 성전은 파괴되었다. 그러므로 마태복음 24장 14절과 15절의 주님의 말씀은 성전이 그분께서 다시 오시기 전에 재건될 것이라는 강력한 증거이다.

데살로니가후서 2장 1절은 이렇게 말한다. "형제님들, 우리 주 예수 그리스도께서 오시는 것과 우리가 그분 앞에 모이는 것에 관하여 이제 여러분에게 당부합니다." 이 구절은 다음에 나오는 구절들에서 말하는 것이 주님의 오심과 우리의 휴거에 관한 것임을 가리킨다. 2절과 3절은 계속해서 "영으로나 또는 말로나 또는 우리에게서 받은 편지라고 하면서 주님의 날이 이미 왔다고 하더라도, 여러분의 생각이 쉽게 흔들리지 않도록 하고 또 놀라지도 마십시오. 여러분은 어느 누구에게도 어떤 방식으로든지 속아 넘어가지 마십시오. 왜냐하면 먼저 변절하는 일이 생기고, 그 불법의 사람 곧 멸망의 아들이 나타나기 전에는 그날이 오지 않을 것이기 때문입니다."라고 말한다. '불법의 사람'과 '멸망의 아들'은 적그리스도를 가리킨다. 그러므로 주님께서 오시는 때인 주님의 날은 적그리스도가 나타나기 전에는 오지 않을 것이다.

주님께서 그분의 백성과 함께하시는 임재인 그분의 파루시아는 이기는 이들이 하늘에 있는 하나님의 보좌로 휴거되면서 시작될 것이다(계 12:5-6, 14:1-5). 주님의 파루시아는 다니엘서 9장 27절에 있는 마지막 이레의 후반부인 이 시대의 마지막 삼 년 반 동안 일어날 대환난(마 24:21, 계 11:2)의 끝에 공중으로 임해서(10:1) 얼마간 계속될 것이다. 주님의 파루시아는 그 나타남, 즉 '주님께서 오시는 것(파루시아)의 공개적인 나타남'과 함께 끝날 것이다(살후 2:8, 마 24:30). 주님의 파루시아가 공중에 머무르는 동안 믿는 이들의 대부분이 휴거되어 거기에서 주님을 만날 것이다(살전 4:17). 문맥에 의하면, 데살로니가후서 2장 2절에 있는 '주님의 날'은 믿는 이들의 대부분의 휴거가 일어날 때인 주님의 파루시아(오심)의 날을 가리킨다. 3절은 그날이 오기 전에 적그리스도가 나타나 대환난에서 주요 역할을 할 것임(4절, 계 13:1-8, 12-15)을 우리에게 단언한다. 이것은 주님께서 공중으로 오시는 것(파루시아)과 믿는 이들의 대부분의 휴거는 대환난 전에 일어날 수 없다는 것을 분명하고도 명확하게 계시한다.

데살로니가후서 2장 4절은 계속해서 "그는 대적하는 자이며, 신이라고 불리는 모든 것이나 사람의 경배를 받는 모든 대상보다 자기를 높이고, 심지어 하나님의 성전에 앉아서 자기를 내세우며 자신을 하나님이라고 할 것입니다."라고 말한다. 적그리스도는 성전에 앉아서 자기가 하나님이라고 선언할 것이다. 그가 성전에 앉으리라는 사실은 주님의 다시 오심 전에 성전이 재건될 것임을 증명한다. 나아가, 마태복음 24장에 있는 주님의 예언대로, 그는 황폐하게 하는 가증한 것이 될 자신의 우상을 세워 모든 사람이 숭배하게 할 것이다.

이 세 항목—이스라엘 국가의 복원, 예루살렘이 유대인들에게 반환됨, 성전의 재건—외에는 이스라엘과 관련하여 주님의 다시 오심에 대한 다른 분명한 징조를 찾아내기가 어렵다. 우리는 주님의 다시 오심이 가깝다는 것을 보아야 하고, 그분의 다시 오심을 위해 우리 자신을 준비해야 한다. 그러나 요한계시록을 통해 우리가 아는 것은, 주님의 다시 오심을 위해 준비하는 것은 단체적인 문제라는 것이다. 그러므로 우리에게는 교회생활이 필요하다. 나는 주님께서 그분을 다시 오시게 할 이기는 이들을 산출하는 그분의 목적을 위해 그분의 회복 안에서 교회생활을 일으키셨다고 믿는다(계 2:7, 11, 17, 26-28, 3:5, 12, 20-21).

9

주님께서
도둑같이 오심

The Lord's Coming as a Thief

제9장

주님께서 도둑같이 오심

성경: 마 24:14-15, 32-34, 36-37, 39-44,
계 3:3, 10, 14:1-5, 14-15, 16:15-16

1세기부터 15세기까지 성경은 로마 천주교에 의해 일반인들에게 잠겨 있었다. 종교 개혁 전까지 성경의 자물쇠는 열리지 않았었다. 그러나 비록 성경의 자물쇠는 열렸지만, 형제회가 일으켜진 19세기까지 성경은 일반인들이 이해할 수 있게 열리지 않았었다. 19세기 전에는 그리스도의 다시 오심의 노선에 따른 예언들이 거의 모든 성도들에게 숨겨져 있었다. 형제회 가운데 있는 교사들은 그리스도의 다시 오심에 관한 예언들에 관해 많은 것들을 발견했다. 그러나 형제회 교사들이 본 것은 주로 대략적인 것이었다. 그들은 상세한 방식으로 많은 것을 보지는 못했다.

스코필드 박사가 형제회의 많은 가르침을 그의 주석 성경에 편집해 넣은 때인 19세기 말을 기점으로 형제회의 가르침이 편만하게 되었다. 이것은 스코필드의 주석 성경이 근본주의 계열의 신학교들에 지대한 영향을 주었기 때문이다. 오늘날 많은 근본주의 계열의 신학교들이 형제회의 가르침을 따른다. 그 결과 근본주의적인 기독교 신학의 상당 부분이 형제회의 가르침을 따른다. 비록 근본주의적인 기독교가 형제회의 길을 취하지는 않지만 형제회의 가르침은 따른다고 우리는 말할 수 있다.

우리가 일찍이 지적한 바와 같이, 주님의 다시 오심에 관해 형제회가 본 것은 주로 대략적인 형태였다. 그러나 주님께서는 형제회 후에 주님의 다시 오심과 성도들의 휴거에 관해 더 자세한 것을 볼 수 있는 몇몇 성도들을 일으키셨다. 나는 우리 가운데 많은 사람들이 아직도 주님의 다시 오심과 관련된 문제들에 대해 대략적인 이해만 갖고 있지 않을까 염려된다. 우리가 대략적인 것만을 의지한다면, 우리는 우리의 시간을 낭비하거나 오도(誤導)될 수 있다. 그러므로 우리는 주님의 다시 오심을 어느 정도 자세히 알아야 한다.

복음이 온 세상으로 확산됨

마태복음 24장 14절은 "이 왕국 복음이 온 세상에 전파되어 모든 민족에게 증거가 될 것이며, 그때에야 끝이 올 것입니다."라고 말한다. 오늘날 지구상에는 복음을 들어 보지 못한 나라가 하나도 없다. 19세기부터 20세기의 전반부까지 성경은 지구상의 모든 나라에 들어갔다. 이러한 의미에서, 복음은 모든 민족에게 전파되어 증거가 되었다. 그러므로 복음의 전파와 확산에 의하면 마지막 시점에 이르렀다고 말할 수 있다.

거룩한 곳에 서 있는 황폐하게 하는 가증한 것

마태복음 24장 15절은 계속해서 "그러므로 신언자 다니엘을 통해 말씀하신, '황폐하게 하는 가증한 것'이 거룩한 곳에 서 있는 것을 보거든" 이라고 말한다. 여기에 있는 주님의 말씀에 의하면, 그분은 황폐하게 하는 가증한 것이 하나님의 성전 안에 있는 성소들을 가리키는 거룩한 곳(시 68:35, 겔 7:24, 21:2)에 서기 전에는 돌아오시지 않을 것이다. 거룩한 곳은 성전의 일부이므로, 주님께서 다시 오시기 전에 반드시 성전이 재건되어야 한다. 그러므로 성전의 재건은 주님의 다시 오심에 대한 강력한 징조이다.

무화과나무의 비유

마태복음 24장 32절과 33절은 다음과 같이 말한다. "그러나 여러분은 무화과나무에서 비유를 배우십시오. 그 가지가 부드러워지고 잎사귀들이 나오면, 여러분은 여름이 가까운 줄을 압니다. 이와 같이 여러분도 이 모든 일을 보거든, 그것이 바로 가까이, 곧 문 앞에 이른 줄을 아십시오." 이스라엘 국가의 복원, 예루살렘이 이스라엘로 반환됨, 성전의 재건은 무화과나무로 상징된 이스라엘 국가가 부드러운 잎사귀들을 내고 있다는 표시들이다. 그러므로 우리는 주님께서 오시는 때인 여름이 바로 가까이에 온 줄을 알아야 한다.

주님의 파루시아

마태복음 24장 34절은 이렇게 말한다. "내가 진실로 여러분에게 말합니다. 이 세대가 지나가기 전에, 이 모든 일이 반드시 일어날 것입니다." 36절과 37절은 "그러나 그날과 그 시각에 관한 것은 아무도 모릅니다. 하늘의 천사들도 모르고, 아들도 모르며, 오직 아버지만 아십니다. 노아의 때와 같이, 사람의 아들이 오는 것도 그러할 것입니다."라고 말한다. 그러고 나서 39절은 "홍수가 나서 모든 것을 휩쓸어 갈 때까지 심판이 오고 있는 것을 알지 못하였는데, 사람의 아들이 오는 것도 이와 같을 것이기 때문입니다."라고 말한다. 여기에서 '오는'이라는 단어는 열쇠가 되는 단어이다. 신약은 주님의 오심을 말할 때 '오다'라는 단어에 대해 적어도 세 가지 다른 헬라어 단어를 사용한다. 37절과 39절에서 '오는'으로 번역된 헬라어는 '임재'를 의미하는 '파루시아'이다. 사람의 아들의 파루시아는 사람들이 보도록 그분이 단지 공개적으로 나타나시는 것보다 더 복잡하다.

마태복음 24장 40절부터 44절까지는 이렇게 말한다. "그때에 두 남자가 밭에 있는데, 한 사람은 데려가고, 한 사람은 남겨 둡니다. 두 여자가 맷돌질을 하고 있는데, 한 사람은 데려가고, 한 사람은 남겨 둡니다. 그러므로 깨어 있도록 하십시오. 왜냐하면 여러분의 주님께서 어느 날에 오실지 알지 못하기 때문입니다. 그러나 여러분은 이것을 아십시오. 만일 집주인이 밤 어느 시각에 도둑이 오는지를 안다면, 깨어 있어 자기 집을 뚫고 들어오지 못하게 할 것입니다. 이러므로 여러분도 예비하고 있도록 하십시오. 왜냐하면 여러분이 생각하지도 않은 시각에 사람의 아들이 올 것이기 때문입니다." 여기에서 '오실지'나 '오는지'나 '올'로 번역된 헬라어는 '파루시아'와는 다른 헬라어인 '에르코마이(erchomai)'에서 온 단어이다.

주님께서 도둑같이 오심

요한계시록 3장 3절은 이렇게 말한다. "그러므로 네가 어떻게 받았고 어떻게 들었는지를 기억하여, 그것을 지키고 회개하여라. 네가 깨어 있지 않으면, 내가 도둑같이 갈 것인데, 내가 어느 때에 너에게 갈지 네가 결코 알지 못할 것이다." 여기에서 종교 개혁 후의 개신교를 예시(豫示)하는 사데에 대한 주님의 말씀은, 그들이 깨어 있지 않으면 그분이 모든 주인의 주님으로서 오시지 않고 도둑같이 오시리라는 것이다. 모든 믿는 이들은 주 예수님이 다시 오실 것을 알지만, 그분이 도둑같이 오시리라는 것을 아는 이들은 많지 않다. 도둑은 귀중품을 훔치러 온다. 도둑은 가치 없는 것에는 관심이 없다. 주님은 오실 때 모든 귀중품들, 즉 귀한 믿는 이들이 숨겨진 곳을 아시는 '신성한 도둑'으로서 오실 것이다.

요한계시록 3장 10절은 이렇게 말한다. "네가 나의 인내의 말을 지켰기 때문에, 나도 너를 지켜 주어, 땅에 거하는 사람들을 시험하기 위해 온 땅에 닥쳐올 시련의 때를 면하게 해 주겠다." 모든 믿는 이들이 대환난(마 24:21) 전에 휴거되리라고 믿는 그리스도인들은 요한계시록 3장 10절에 있는 주님의 말씀을 상고해야 한다. 주님의 인내의 말씀을 지킨 성도들은 의심할 바 없이 대환난인 시련의 때를 면할 것이다. 이것은 그들이 대환난 전에 휴거되리라는 것을 의미하고, 주님의 인내의 말씀을 지키지 않은 이들은 휴거되지 않고 남아서 환난을 통과하리라는 것을 함축한다.

요한계시록 16장 15절과 16절은 다음과 같이 말한다. "('보아라, 내가 도둑처럼 갈 것이다. 깨어서 자기 옷을 지켜, 벌거벗고 다니지 않고 자기의 수치를 보이지 않는 사람이 복이 있다.') 더러운 영 셋은 히브리 말로 아마겟돈이라 하는 곳으로 왕들을 모았습니다." 문맥에 따르면, 이 말씀은 틀림없이 아마겟돈 전쟁이 있기 전인 대환난의 끝에 주님께서 하시는 말씀이다. 이것은 그때에도 여전히 믿는 이들이 땅에 남아 있다는 것을 증명한다. 주님께서 돌아오셔서 그들에게 나타나시는 것은 여전히 알아채지 못하는 시각에 도둑이 오는 것과 같을 것이다.

이스라엘 국가의 복원, 예루살렘이 이스라엘로 반환됨, 성전의 재건은 주님의 오심에 대한 가장 강력한 징조들이다. 이러한 세 가지 징조 후에, 뒤이어 오는 중요한 징조는 아마겟돈 전쟁이다. 우리가 세계사와 현재의 세계정세를 안다면, 모든 것이 아마겟돈 전쟁을 위한 준비로서 진행되고 있다는 것을 깨달을 것이다. 천년왕국 전에 인류 가운데 있을 마지막 전쟁인 이 전쟁과 관련해서, 군사력의 세 주요 근원지인 적그리스도 통치하의 유럽과 북쪽의 러시아와 해 뜨는 곳인 극동에서 온 군사력이 집결할 것이다(겔 38-39장, 계 9:14-16, 16:12-16, 17:9-14). 현재의 세계정세에 의하면, 우리는 이러한 세 근원의 준비가 계속되고 있음을 볼 수 있다. 어느 날 이러한 군사력이 중동으로 가서 마지막 전쟁을 위해 아마겟돈에 집결할 것이다. 그런 후 주 예수님께서 나타나실 것이다(19:11-16). 그러나 아마겟돈 전쟁 전에 주님의 파루시아가 이미 시작되어 있을 것이다. 그분의 파루시아는 성전 재건 후와 아마겟돈 전쟁 전의 어느 시점에 시작될 것이다. 성전의 재건과 아마겟돈 전쟁이 주님의 다시 오심에 대한 강력한 징조이기는 하지만, 이 두 사건 사이의 기간이 얼마나 길지는 아무도 모른다.

주님의 파루시아(임재)와 그분의 나타나심

한 면으로 마태복음 24장에서 주님은 황폐하게 하는 가증한 것이 거룩한 곳에 설 것임을 분명히 말씀하셨다(15절). 이것은 이해하기가 쉽다. 또 한 면으로, 36절에서 주님은 그분이 오시는 날과 시각은 아무도 모르고, 심지어 하늘의 천사들이나 아들도 모르고 아버지만 아신다고 말씀하셨다. 우리는 주님의 축복을 받아, 이스라엘 국가의 복원과 예루살렘이 유대인들에게 반환되는 것을 보았다. 그러나 여전히 우리는 주 예수님께서 오실 날과 시각에 대해서는 말할 수 없다.

우리가 지적한 바와 같이, 주님의 임재인 그분의 파루시아는 성전의 재건과 아마겟돈 전쟁 사이의 어느 시점에 시작될 것이다. 주님의 파루시아는 어느 시점에 시작되어 그분이 땅에 나타나심으로 완성되기 전까지 일정 기간 계속될 것이다. 주님께서 이 땅에 나타나시는 것은 번개가 번쩍이는 것처럼 순간적인 것이겠지만(27, 30절), 그분이 나타나시기 전에 그분의 파루시아의 때가 있을 것이다. 주님께서 이 땅에 나타나시는 것과 그분의 임재가 서로 다른 것은 우리가 주님의 오심을 대강으로만 알지 말고 자세히 알아야 할 이유들 중의 하나이다. 주님의 파루시아 기간에 여러 무리의 믿는 이들이 서로 다른 시점에 휴거될 것이다.

두 남자와 두 여자가 일하고 있는데 한 사람은 데려가고 한 사람은 남겨 두는 것을 말하는 마태복음 24장 40절과 41절에 언급된 휴거는 이기는 믿는 이들의 은밀한 휴거를 말한다. 여기에서 주님은 하늘에 속한 도둑으로서 그분께 귀중한 것을 훔치러 오신다. 우리는 주님의 첫 번째 오심에서 공과를 배워야 한다. 주님께서 첫 번째로 오셨을 때, 율법학자들과 바리새인들을 포함한 모든 유대인 교사들은 그분이 메시아로서 겉으로 드러나고 위엄 있는 방식으로 오실 줄로 생각했다. 그러나 주님은 나사렛이라는 멸시받는 도시에 사는 가난한 가족에게 태어나심으로써 비천한 방식으로 오셨다(2:23). 메시아께서 구유에서 가난한 가족에게 태어나시리라고는 그 누구도 믿을 수 없었을 것이다(눅 2:7). 이런 의미에서, 우리는 주님께서 첫 번째로 오실 때 '은밀히' 오셨다고 말할 수 있고, 원칙적으로 그분의 두 번째 오심도 첫 번째처럼 은밀히 오시는 것이 될 것이다. 많은 그리스도인들이 그리스도의 다시 오심이 얼마나 영광스럽고 위엄이 있을 것인가를 말하고 있지만, 그분의 파루시아가 은밀하게 시작되리라는 것은 모르고 있다. 그들은 주님의 오심에 대해 많이 말한 후에도 그분이 이미 어떤 귀한 사람들을 훔쳐 가셨다는 것을 모를 것이다. 그들은 하늘에 속한 도둑께서 어떤 귀한 형제자매들을 훔쳐 가셨다는 것을 나중에야 발견할 것이다.

형제회의 가르침은 주님께서 도둑처럼 다시 오시는 문제를 지적하지 않는다. 대부분의 근본주의 그리스도인들은 주님께서 다시 오실 때, 패배한 이들이든 이기는 이들이든 모든 믿는 이들이 동시에 하늘로 휴거되리라고 믿는다. 이러한 종류의 가르침과 이해는 모호하고, 명확하지 않으며, 오도하는 것이다. 이것이 주님의 오심에 대한 우리의 이해라면, 우리는 주님께서 귀한 사람들을 훔치러 오실 때 알아차리지 못할 것이다.

모든 믿는 이들이 환난 전에 휴거된다는 가르침은 전적으로 잘못된 것이다. 왜냐하면 성경에는 환난 전에 교회 전체가 휴거되리라고 지적한 부분이 없기 때문이다. 그러나 환난 후 휴거에 대한 가르침도 부분적으로만 옳다. 이 가르침은 적그리스도가 나타나기 전에는 주 예수님께서 돌아오시지 않을 것이고 교회가 휴거될 수 없다는 중점만을 강조한다. 환난 후 휴거를 가르치는 이들은 종종 데살로니가후서 2장을 그들의 가르침의 근거로 사용한다. 그들은 1절부터 4절까지를 볼 때, 불법의 사람인 적그리스도가 나타나서 하나님의 성전에 앉아 자신을 하나님이라고 하기 전에는 주님께서 오지 않으실 것임을 알 수 있다고 주장한다. 그들은 적그리스도가 대환난을 초래할 자이므로 주 예수님께서 환난 전에 오시리라고는 아무도 말할 수 없다고 말한다. 이러한 구절들에 근거한 환난 후 휴거에 대한 가르침은 부분적으로만 옳다. 왜냐하면 이 가르침은 주님의 감추어진 파루시아를 고려하지 않은 것이기 때문이다.

요한계시록 3장 10절은 이렇게 말한다. "네가 나의 인내의 말을 지켰기 때문에, 나도 너를 지켜 주어, 땅에 거하는 사람들을 시험하기 위해 온 땅에 닥쳐올 시련의 때를 면하게 해 주겠다." 여기에서 주님의 말씀은 그분께서 어떤 사람들에게 대환난의 삼 년 반 동안인 시련의 때를 면하게 해 주시겠다는 뜻이다. 믿는 이들의 대부분이 환난 기간에 땅에 머물러 있겠지만, 주님은 그 전에 어떤 사람들을 데려가실 것이다.

요한계시록 14장은 첫 열매와 수확물에 대해 말한다(1-5, 14-16절). 1절부터 5절까지의 문맥에 의하면, 첫 번째로 익은 믿는 이들은 대환난 전에 첫 열매로서 하나님께로 거두어들여질 것이다. 그들은 하늘에 있는 시온산으로, 셋째 하늘에 있는 하나님의 거처가 있는 곳으로 데려가질 것이다. 믿는 이들의 대부분은 대환난 기간의 고난을 통해 도움을 받아 익음으로써 대환난 끝에(살전 4:15-17) 일반적인 수확물로서 거두어져 공중(주님의 곳간—마 13:30, 3:12)으로 휴거된다. 첫 열매는 하늘에 있는 하나님의 집으로 가져가지만, 수확물은 공중에서 주님을 만나도록 '곳간'으로 가져간다.

주님께 귀하게 되기 위해 생명 안에서 성숙함

요한계시록을 주의 깊게 살펴볼 때, 우리는 주님의 의도가 남은 이들을 불러내시어 교회들의 타락한 상황을 이기게 하는 것(2:7, 11, 17, 26-28, 3:5, 12, 20-21, 21:7)임을 볼 수 있다. 이것은 이기는 이들이 그들 자신을 준비할 수 있는 적절한 환경이 필요하다는 것을 가리킨다. 어떤 그리스도인이든지 타락한 기독교 안에 남아 있다면 자신을 준비하기가 어려울 것이다. 그러므로 모든 믿는 이들은 타락한 기독교에서 나와서 교회생활 안으로 들어와야 한다. 교회생활은 그들이 이기는 이들로서 준비될 수 있는 적절한 환경을 제공한다. 그러나 이것은 교회생활 안에 들어온 사람 모두가 이기는 이들이 되리라는 뜻이 아니다. 우리의 준비는 여전히 우리가 주님께서 보시기에 귀하게 되도록 생명 안에서 성숙하는 데 달려 있다.

개인적으로 성숙함

우리가 휴거될 것인가의 여부는 각 개인의 생명 안에서의 성숙의 문제이다. 그러나 이것은 개별적인 문제가 아니다. 밀밭에서 밀 줄기는 각각 스스로 성숙해야 한다. 신성한 생명 안에서 아내가 성숙하는 것은 남편의 성숙에 달려 있는 것이 아니고, 남편의 성숙이 그의 아내의 성숙에 달려 있는 것도 아니다. 남편과 아내는 매일의 생활에서는 부부이지만, 휴거와 관련해서 주님은 그들을 결혼 생활에서의 신분에 따라 분류하지 않으시고 생명 안에서의 영적 성숙에 따라 분류하신다. 생명 안에서 성숙한 이들은 모두 참으로 하나이고, 그들의 하나 됨(oneness)은 그들이 천연적인 관계로 맺어지는 인연을 능가한다. 예를 들어, 영적으로 성숙한 어떤 결혼한 형제는 결혼이라는 끈에 의해 덜 성숙한 그의 아내와 하나가 될 수 있지만, 그가 성숙한 다른 모든 성도들과 이루는 하나 됨은 그의 아내와 공유하는 하나 됨을 능가한다. 그 영 안에서, 그리고 생명의 실재에 따라서 생명 안에서 성숙한 이들은 하나이다. 그러나 이것은 생명이 성숙한 이들이 나머지 성도들과는 별개의 특수층이나 특수 종파라는 것을 의미하지 않는다. 사람의 눈으로는 성숙한 이들 사이에 있는 생명 안의 하나 됨을 분별할 수 없지만, 그들 속에 계시는 그 영은 그들의 하나 됨을 견고하게 하신다. 주님께서 도둑으로서 오실 때 성숙한 모든 이들은 귀한 이들로 훔쳐 감을 당할 것이다.

단체적으로 준비함

비록 휴거가 개인적인 성숙의 문제이기는 하지만, 준비의 문제에 있어서는 여전히 단체적인 문제이다. 교회생활이 없이 준비되거나 성숙하기는 어렵다. 사실상, 교회생활 안에서도 아무도 개인주의적으로 성숙하기는 어렵다. 남편과 아내가 같은 보조(步調)로 자란다면 좋을 것이다. 그러나 결혼 생활이 우리의 생명 안의 성숙을 판단하는 기준은 아니다. 생명 안의 참된 성장과 성숙은 개인적인 것이지만, 그것은 개인주의적인 것이 아니라 단체적인 것이다. 우리가 참으로 생명 안에서 자라고 성숙한다면 다른 사람들과 합당하게 섞이고 건축되는 것이 있을 것이다.

교회생활은 우리가 자라고 성숙하도록 돕지만, 교회생활이 생명의 성장이나 성숙은 아니다. 젊은 학생이 대학에 들어가서 출석만 한다고 졸업하는 것은 아니다. 그보다는 학교에 들어가서 공부를 하고 모든 과정을 마쳐야 졸업을 할 수 있다. 마찬가지로, 우리가 교회 안에 들어오는 것이 곧 성숙인 것은 아니고, 성숙을 보장하는 것도 아니다. 그러나 학생이 대학에 다니지 않고 학위를 얻기가 어려운 것처럼, 교회가 없이는 성숙하기가 어렵다.

우리 모두는 주님의 오심에 관해 분명해야 하고, 그분이 오시는 징조를 볼 때, 우리와 우리의 배우자와 가족이 예비되고 그분의 다시 오심을 위해 준비되도록 그분을 추구하고 그분을 앙망해야 한다. 얼마나 많은 사람들이 준비되어 있는지는 주님만이 아시고, 그분이 오셔서 어떤 사람들을 데려가실 정확한 때가 언제인지도 그분만이 아신다. 일찍 생명이 성숙하게 된 이러한 귀한 사람들이 주님의 다시 오심을 가져올 사람들이다.

10

믿는 이들의 휴거

The Rapture of the Believers

제10장

믿는 이들의 휴거

성경: 창 5:24, 마 24:14-15, 32-33, 40-42, 눅 21:36, 계 3:10, 12:1-6, 14:1-15, 살전 4:15, 17, 살후 2:1-4, 고전 15:51-52

19세기 이전에는 주님의 다시 오심에 관해 광범위하게 말한 그리스도인들이 극소수였다. 하나님께서 1800년대 초에 형제회를 일으키신 이후로 그리스도인들은 그리스도의 다시 오심과 성도들의 휴거를 보기 시작했다. 그리스도인들의 용법에 의하면, '휴거'라는 단어는 '데려가지다'를 의미한다. 휴거의 사상은 데살로니가전서 4장 17절과 요한계시록 12장 5절에서 '이끌려 올라가다'로 번역된 헬라어에서 볼 수 있다.

휴거의 원칙

휴거의 첫 번째 예는 구약에서 하나님과 동행한 사람이었던 에녹에게서 볼 수 있다. 창세기 5장 24절은 "에녹이 하나님과 동행하더니 하나님께서 그를 데려가시므로 그가 있지 않았다."라고 말한다. 휴거에 대한 첫 번째 언급은 휴거의 원칙을 세운다. 그것은 우리가 휴거되는 것은 하나님과 동행함으로 신성한 생명 안에서 성숙하는 데 달려 있다는 것이다. 홍수가 오기 전에 하나님께서는 에녹을 데려가시어 그를 다가올 심판에서 지키셨다. 마찬가지로, 대환난 전에 이기는 믿는 이들은 에녹처럼 데려가질 것이다. 창세기에 있는 기록에 의하면, 에녹은 하나님의 많은 백성 가운데 단지 한 사람이었다. 그러나 에녹만이 데려가지고, 다른 모든 사람들은 남아 있었다.

주님께서 은밀하게 다시 오심

앞 장에서 우리는, 거룩한 곳에 서 있는 황폐하게 하는 가증한 것에 관한 마태복음 24장 14절과 15절의 주님의 말씀이, 주후 70년에 파괴된 성전이 주님께서 다시 오시기 전에 재건될 것임을 가리킨다는 것을 보았다. 나아가, 주님은 "그러나 여러분은 무화과나무에서 비유를 배우십시오. 그 가지가 부드러워지고 잎사귀들이 나오면, 여러분은 여름이 가까운 줄을 압니다. 이와 같이 여러분도 이 모든 일을 보거든, 그것이 바로 가까이, 곧 문 앞에 이른 줄을 아십시오."(32-33절)라고 말씀하시고, "그러므로 깨어 있도록 하십시오. 왜냐하면 여러분의 주님께서 어느 날에 오실지 알지 못하기 때문입니다."(42절)라고 말씀하셨다. 우리는 깨어 있고 준비되어야 한다. 왜냐하면 우리는 주님께서 귀하고 성숙한 이들을 훔쳐 가시려고 도둑처럼 은밀하게 오시는 때를 알지 못하기 때문이다. 이에 관해 40절과 41절은 "그때에 두 남자가 밭에 있는데, 한 사람은 데려가고, 한 사람은 남겨 둡니다. 두 여자가 맷돌질을 하고 있는데, 한 사람은 데려가고, 한 사람은 남겨 둡니다."라고 말한다. 이것은 이기는 성도들을 휴거시키시기 위해 주님께서 은밀하게 오시는 것이다.

거의 모든 그리스도인들이 요한복음 3장 16절을 잘 알고 있지만, 마태복음 24장에 있는 주님의 은밀한 오심을 아는 이들은 극소수이다. 이것은 많은 그리스도인들에게 감추어진 비밀이다.

지난 세기들에 많은 성도들이 주님의 다시 오심과 관련해서 유대인들에 대한 세 가지 큰 징조—이스라엘 국가의 복원, 예루살렘이 이스라엘에 반환됨, 성전의 재건—를 보기를 기대했다. 그러나 그들은 이러한 징조들을 결코 보지 못했다. 오늘날 이러한 세 가지 징조 중 두 가지가 우리의 눈앞에서 일어났다. 1948년에 이스라엘 국가가 복원되었고, 이 새로운 국가가 국제 연합(UN)의 승인을 받았다. 1967년에 우리는 예루살렘이 놀라운 방식으로 이스라엘에 반환되는 것을 보았다. 주님의 말씀에 의하면, 우리는 이러한 것들을 볼 때 깨어서 준비해야 한다. 왜냐하면 우리는 그분이 언제 도둑처럼 오실지 알지 못하기 때문이다.

누가복음 21장 36절은 이렇게 말한다. “그러므로 여러분은 장차 일어날 이 모든 일을 능히 피할 수 있고 사람의 아들 앞에 설 수 있도록, 늘 간구하며 항상 깨어 있도록 하십시오.” ‘장차 일어날 이 모든 일’은 대환난의 모든 일을 가리킨다. 34절에서 주님은 방탕함과 술 취함과 생활의 염려로 마음이 억눌리지 않게 하라고 우리에게 경고하신다. 이 세 가지—방탕함과 술 취함과 생활의 염려—는 오늘날의 상황에 대한 묘사이다. 사람들은 먹는 것과 마시는 것과 이생의 근심에 사로잡혀 있다. 그러나 깨어서 기도하는 이들은 이러한 것들에 얽매이는 것을 이길 수 있다. 어떤 사람들이 이러한 것들에 열중해 있을 때, 주님은 오셔서 귀한 사람들을 훔쳐 가실 것이고, 대환난이 덫과 같이 갑자기 땅에 남아 있는 사람들에게 닥칠 것이다(34하–35절). 그러므로 우리는 깨어 기도해야 한다.

이기는 믿는 이들의 휴거와
대부분의 믿는 이들의 휴거

누가복음 21장 36절에 있는 '사람의 아들 앞에 서는 것'은 요한계시록 14장 1절에 있는 '서는 것'과 일치하는데, 이것은 휴거된 이기는 믿는 이들이 대환난 전에 공중에서가 아니라 하늘에 있는 시온산에서 사람의 아들 앞에 설 것임을 의미한다. 전통적인 기독교 안에 있는 휴거에 관한 근본주의적인 가르침은 이기는 믿는 이들의 휴거를 적절하게 다루지 않는다. 그러므로 우리는 우리의 낡은 이해를 제쳐 놓고 성경의 말씀으로 돌아가야 한다.

요한계시록 3장 10절은 "네가 나의 인내의 말을 지켰기 때문에, 나도 너를 지켜 주어, 땅에 거하는 사람들을 시험하기 위해 온 땅에 닥쳐올 시련의 때를 면하게 해 주겠다."라고 말한다. 여기에서 '지켜진 말'은 주님의 구원의 말씀이 아니라 그분의 인내의 말씀이다. 주님의 인내의 말씀은 주님의 고난의 말씀이다. 주님은 오늘도 그분의 인내로 거절과 박해를 견디고 계신다. 믿는 이들은 그분의 왕국뿐 아니라 그분의 인내에 함께 참여하는 이들이다(1:9). 그러므로 그분과 함께 고난을 당하는 이러한 믿는 이들에게 주시는 주님의 보상은 그들을 지켜 온 땅에 닥쳐올 시련의 때를 면하게 해 주시는 것이다. 이것은 대환난이라는 시련의 때가 되기 전에 주님께서 신실한 믿는 이들을 이 땅에서 데려가시리라는 것을 의미한다. 어떤 사람들은 요한계시록 3장 10절을 환난 전에 교회 전체를 데려가시리라는 증거로 여긴다. 그러나 이것은 이 구절의 합당한 의미가 아니다. 요한계시록 3장 10절은 무조건적인 약속이 아니라 조건이 있는 약속이다. 그 조건은 우리가, 빌라델비아 교회가 그랬던 것처럼 그분의 인내의 말씀을 지킴으로써 주님께 신실해야 한다는 것이다.

다른 말로 하면, 우리는 이기는 이들이 되어야 한다. 우리가 이러한 조건을 이행하면 주님은 우리를 지켜 시련의 때를 면하게 하실 것이다.

우주적인 여자와 사내아이

요한계시록 12장은 해를 옷으로 입고 발 바로 밑에 달이 있는 여자를 말한다. 이 여자가 사내아이를 낳는다(1-5절). 여기에서 여자는 땅에 있는 하나님의 구속받은 백성의 총체를 상징한다. 이 총체 안에는 더 강한 부분인 사내아이가 있다. 더 강한 이 부분은 태어난 직후 하나님께로, 하늘에 있는 하나님의 보좌(4:2)로 이끌려 올라갈 것이다(12:5). 문맥에 의하면, 사내아이는 적그리스도가 하나님을 모독하고 그분의 백성을 박해하는 기간인 천이백육십 일 동안 계속될 대환난 전에 데려가져서 휴거될 것이다(12:6, 13, 13:1, 7). 이러한 삼 년 반은 다니엘서 9장 27절에서 말한 마지막 이레의 후반부와 일치한다. 이것은 대환난 전에 하나님의 백성의 일부인 사내아이가 휴거될 것이지만, 하나님의 백성의 더 큰 부분인 여자는 땅에 남겨져 대환난을 통과할 것임을 의미한다.

첫 열매와 수확물

요한계시록 14장 4절은 첫 열매에 관해 말하고, 15절은 수확물을 거두는 것에 관해 말한다. 이 둘—첫 열매와 수확물—사이에 대환난이 있다. 9절부터 11절까지는 짐승과 짐승의 형상에게 경배하는 일이 있는 것에 관해 말하는데, 이것은 첫 열매가 하늘의 시온산에서 어린양과 함께 서 있는 것이 보인 후에 그리고 수확물을 거두기 전에 있다. 이것은 환난 전에 적은 수의 믿는 이들이 휴거되어 하늘에 있는 시온산으로 데려가지리라는 것을 의미한다. 그런 다음 대환난의 끝 즈음에, 대환난 기간 동안 받은 고난의 도움을 통해 익은 이들로 구성된 수확물은 수확하시는 분이신 주님께서 계시는 곳인 공중으로 거두어질 것이다(14-16절). 수확할 때가 되었을 즈음에 주 예수님은 하늘의 시온산에서 공중에 있는 구름으로 이동하실 것이다.

살아 있는 이기는 이들과 남아 있는 이들

데살로니가전서 4장 15절은 "우리가 주님의 말씀으로 여러분에게 이것을 말합니다. 주님께서 오실 때까지 살아남아 있는 우리가 잠든 이들보다 결코 앞서지 못할 것입니다."라고 말하고, 17절은 "그 후에 살아남아 있는 우리가 그들과 함께 구름 속으로 이끌려 올라가, 공중에서 주님을 만나게 될 것입니다. 그리하여 우리가 항상 주님과 함께 있을 것입니다."라고 말한다. 우리가 이 구절들을 주의 깊게 살펴본다면, '살아남아 있는 우리'라는 구는 어떤 사람들은 살아 있지만 남아 있지 않으리라는 것을 함축한다는 것을 깨달을 것이다. 곧 그들은 살아 있지만 휴거될 사람들이다. 그런 후 남아 있는 이들인 나머지 사람들이 이끌려 올라가 공중에서 주님을 만나게 될 것이다. 살아 있는 이기는 이들이 휴거될 때와 휴거될 장소를 보면, 그들의 휴거는 대부분의 살아 있는 그리스도인들의 휴거와 다름을 알 수 있다. 살아 있는 이기는 이들은 대환난 전에 휴거될 것인 데 반해, 대부분의 살아 있는 믿는 이들은 대환난 끝에 휴거될 것이다. 그뿐 아니라, 살아 있는 이기는 이들은 셋째 하늘로 휴거될 것인 데 반해, 대부분의 살아 있는 믿는 이들은 이끌려 올라가 공중에서 주님을 만날 것이다.

오늘날의 기독교에 있는 잘못된 가르침

데살로니가후서 2장 1절부터 4절까지는 다음과 같이 말한다. "형제님들, 우리 주 예수 그리스도께서 오시는 것과 우리가 그분 앞에 모이는 것에 관하여 이제 여러분에게 당부합니다. 영으로나 또는 말로나 또는 우리에게서 받은 편지라고 하면서 주님의 날이 이미 왔다고 하더라도, 여러분의 생각이 쉽게 흔들리지 않도록 하고 또 놀라지도 마십시오. 여러분은 어느 누구에게도 어떤 방식으로든지 속아 넘어가지 마십시오. 왜냐하면 먼저 변절하는 일이 생기고, 그 불법의 사람 곧 멸망의 아들이 나타나기 전에는 그날이 오지 않을 것이기 때문입니다. 그는 대적하는 자이며, 신이라고 불리는 모든 것이나 사람의 경배를 받는 모든 대상보다 자기를 높이고, 심지어 하나님의 성전에 앉아서 자기를 내세우며 자신을 하나님이라고 할 것입니다." 이 구절들은 주님께서 오시는 것과 모든 성도들이 모이는 것이 적그리스도가 와서 대환난을 초래한 후에 일어나리라는 것을 가리킨다. 이것은 모든 믿는 이들이 대환난 전에 휴거되리라고 말하는 잘못된 가르침을 바로잡는 데 도움이 될 것이다.

고린도전서 15장 51절과 52절은 이렇게 말한다. "보십시오, 내가 여러분에게 비밀을 말합니다. 우리가 다는 잠들어 있지 않을 것입니다. 그러나 우리가 다 변모는 될 것입니다. 순식간에, 눈 깜짝할 사이에, 마지막 나팔 소리에 그렇게 될 것입니다. 나팔 소리가 울리면, 죽은 사람들이 썩지 않을 것으로 살아나고, 우리도 변모될 것입니다." '마지막 나팔'은 요한계시록 11장에 있는, 대환난의 끝에 울릴 일곱 번째 나팔을 가리킨다(15절). 마지막 나팔 소리가 울릴 때, 먼저 그리스도 안에서 죽은 믿는 이들이 살아날 것이고, 그다음에 남아 있는 살아 있는 믿는 이들이 변모되어 휴거될 것이다. 만약 교회의 대부분이 대환난 전에 휴거된다면 일곱 번째 나팔이 아닌 첫 번째 나팔(계 8:7) 전에 휴거되어야 할 것이다. 이것은 오늘날의 기독교에 있는 잘못된 가르침을 폭로한다.

주님의 오심의 은밀한 방면과 공개적인 방면

'파루시아'라는 헬라어는 '임재'를 의미한다. 이 단어가 주님의 다시 오심과 관련되어 사용될 때에는 '오심'으로 번역된다. 주님의 임재인 그분의 파루시아는 이기는 이들이 하늘에 있는 하나님의 보좌로 휴거됨과 함께 시작되어 주님께서 성도들과 함께 이 땅에 나타나심으로 끝날 것이다(계 12:5-6, 14:1-4, 19:11-16).

주님의 파루시아가 시작될 때 일어나는 모든 일은 감추어진 은밀한 방식으로 발생하지만, 끝에 일어나는 것은 공개적일 것이다. 그러므로 주님의 다시 오심에 관해 두 방면—은밀한 방면 혹은 감추어진 방면과, 공개적인 방면 혹은 열린 방면—이 있다. 이기는 이들은 주님의 파루시아가 시작될 때 알지 못하는 때에 아무도 볼 수 없는 셋째 하늘로 은밀하게 데려가질 것이지만, 그분의 파루시아가 끝날 즈음에 남아 있는 믿는 이들은 공개적으로 모든 사람들이 볼 수 있는 공중으로 데려가질 것이고, 주님은 모든 이기는 성도들과 함께 영광 안에서 오실 것이다(마 24:30).

그뿐 아니라, 주님은 친히 분부하실 때 볼 수 있는 어떤 외적 징조들에 대해 말씀하셨지만, 그분이 다시 오시는 날과 시각은 아무도 모른다는 것 또한 말씀하셨다. 외적 징조들은 주로 이스라엘 국가의 복원과, 예루살렘이 이스라엘에 반환되는 것과, 성전의 재건과 관련된다. 이 세 징조 중 두 징조는 발생했고, 세 번째 징조가 발생한 후에는 성도들 중 일부가 훔쳐 감을 당할 때까지의 비밀스러운 기간이 있을 것이다. 오늘날 우리는 대환난의 모든 것을 피하고 공중에서가 아니라 셋째 하늘에서 주님 앞에 설 수 있도록 이기기 위해 깨어 기도해야 한다.

우리는 우리의 마음이 어디에 있는지 살펴보아야 한다. 우리는 주님의 임재 안에 사는 사람들인가, 아니면 먹는 것과 마시는 것과 이생의 일들에 얽매이는 사람들인가? 우리는 이렇게 기도해야 한다. "주 예수님, 저를 주님의 임재 안에서 살며 주님과 동행하는 사람이 되게 해 주십시오. 제가 그 어떤 것에도 취하지 않고 그 어떤 것에서도 지나치지 않도록 저를 구원해 주십시오. 저는 저의 모든 시간과 에너지와 주의와 존재를 주님께만 쓸 수 있도록 단순한 생활을 하기 원합니다." 우리가 주님의 임재 안에 사는 이들이라면 주님께서 도둑처럼 오시는 것이 우리에게 놀랍지 않을 것이다. 차이는 오직 장소가 바뀌는 것일 뿐이다. 어느 날, 우리는 이 땅에서 그분의 임재 안에 있다가, 그분께서 우리를 데려가실 때, 셋째 하늘에서 그분의 임재 안에 있을 것이다.

주님의 오심과 관련한 세 가지 큰 징조 중 두 징조가 성취된 것을 우리 눈으로 본 것은 주님의 큰 축복이다. 그러나 우리는 우리 앞에 큰 책임이 있다는 것을 알아야 한다. 우리는 이렇게 기도해야 한다. "주님, 우리가 깨어 있고, 경계하고, 기도하도록 지켜 주십시오. 우리가 무엇을 하든지 그것을 주님과 함께하기를 원하고, 어디로 가든지 주님과 함께 가기를 원합니다. 주님, 우리는 주님을 우리의 생명과 인격으로 취합니다. 우리는 주님께서 오실 때 셋째 하늘에 있는 주님의 임재 안으로 데려가지도록 항상 주님의 영 안에서 살고 주님의 임재 안에서 행하기를 원합니다." 주님은 깨어 기도하며 생명 안에서 자라 성숙에 이르는 이들이 그분을 다시 모셔 오기를 갈망하고 기대하신다.

주님의 다시 오심을 준비함

인쇄일/ 2025년 4월 22일
발행일/ 2025년 5월 10일
저자/ 위트니스 리
역자/ 한국복음서원 편집부
발행인/ 이희득
발행처/ 한국복음서원
등록/ ®1978.3.6. 제16-12호

주소/ 경기도 성남시 중원구 사기막골로 124,
SKn테크노파크 비즈센터 B210호 (13207)
전화/ 1600-3191
팩스/ 031) 709-3389

ISBN/ 979-11-6857-278-2 03230

http://www.kgbr.co.kr
E-mail:kgbr@kgbr.co.kr

정가 7,500원